大飞机出版工程

总主编　顾诵芬

航空经济学系列

商用飞机技术经济研究

——设计优化与市场运营

Technical Economics Researches on
Design Optimization andMarket Operation of
Commercial Aircraft

陈迎春　主　编

杨　洋　宋文滨　副主编

上海交通大学出版社
SHANGHAI JIAO TONG UNIVERSITY PRESS

内容提要

本书汇集了商用飞机技术经济研究的优秀学术论文,内容主要涵盖飞机设计与市场运营环节的技术经济相关研究。技术经济研究贯穿商用飞机全寿命周期的所有环节,对制造商的市场分析、飞机设计、技术优化等具有重要影响,也可用于飞机引进、机队规划、航线运营等经营活动。开展商用飞机技术经济研究及应用工作对于发展技术经济这一交叉学科具有重要的意义。

本书可供从事相关工作的技术和管理人员使用,也可供决策人员参考。

图书在版编目(CIP)数据

　　商用飞机技术经济研究:设计优化与市场运营/陈迎春主编. —上海:上海交通大学出版社,2016

　　大飞机出版工程

　　ISBN 978 - 7 - 313 - 15640 - 2

　　Ⅰ.①商…　Ⅱ.①陈…　Ⅲ.①民用飞机—技术经济—研究

Ⅳ.①F560

中国版本图书馆 CIP 数据核字(2016)第 187272 号

商用飞机技术经济研究——设计优化与市场运营

主　　编:陈迎春

出版发行:上海交通大学出版社　　　　　　地　　址:上海市番禺路 951 号

邮政编码:200030　　　　　　　　　　　　电　　话:021 - 64071208

出 版 人:郑益慧

印　　制:苏州市越洋印刷有限公司　　　　经　　销:全国新华书店

开　　本:787mm×1092mm　1/16　　　　印　　张:9.75

字　　数:181 千字

版　　次:2016 年 10 月第 1 版　　　　　　印　　次:2016 年 10 月第 1 次印刷

书　　号:ISBN 978 - 7 - 313 - 15640 - 2/F

定　　价:78.00 元

大飞机出版工程

丛书编委会

总主编

顾诵芬（中国航空工业集团公司科技委副主任、中国科学院和中国工程院院士）

副总主编

金壮龙（中国商用飞机有限责任公司董事长）

马德秀（上海交通大学原党委书记、教授）

编　委（按姓氏笔画排序）

王礼恒（中国航天科技集团公司科技委主任、中国工程院院士）

王宗光（上海交通大学原党委书记、教授）

刘　洪（上海交通大学航空航天学院副院长、教授）

许金泉（上海交通大学船舶海洋与建筑工程学院教授）

杨育中（中国航空工业集团公司原副总经理、研究员）

吴光辉（中国商用飞机有限责任公司副总经理、总设计师、研究员）

汪　海（上海市航空材料与结构检测中心主任、研究员）

沈元康（中国民用航空局原副局长、研究员）

陈　刚（上海交通大学原副校长、教授）

陈迎春（中国商用飞机有限责任公司常务副总设计师、研究员）

林忠钦（上海交通大学常务副校长、中国工程院院士）

金兴明（上海市政府副秘书长、研究员）

金德琨（中国航空工业集团公司科技委委员、研究员）

崔德刚（中国航空工业集团公司科技委委员、研究员）

敬忠良（上海交通大学航空航天学院常务副院长、教授）

傅　山（上海交通大学电子信息与电气工程学院研究员）

本书编委会

主　编

陈迎春

副主编

杨　洋　宋文滨

编委会

杨　洋　宋文滨　李晓勇　何小亮

王　晶　张　康　王如华　侯盼盼

廖琳雪　曹　刚　李思颖　赵　楠

陈怡君　张　华　田永亮

大飞机出版工程

总　　序

　　国务院在 2007 年 2 月底批准了大型飞机研制重大科技专项正式立项，得到全国上下各方面的关注。"大型飞机"工程项目作为创新型国家的标志工程重新燃起我们国家和人民共同承载着"航空报国梦"的巨大热情。对于所有从事航空事业的工作者，这是历史赋予的使命和挑战。

　　1903 年 12 月 17 日，美国莱特兄弟制作的世界第一架有动力、可操纵、重于空气的载人飞行器试飞成功，标志着人类飞行的梦想变成了现实。飞机作为 20 世纪最重大的科技成果之一，是人类科技创新能力与工业化生产形式相结合的产物，也是现代科学技术的集大成者。军事和民生对飞机的需求促进了飞机迅速而不间断的发展，应用和体现了当代科学技术的最新成果；而航空领域的持续探索和不断创新，为诸多学科的发展和相关技术的突破提供了强劲动力。航空工业已经成为知识密集、技术密集、高附加值、低消耗的产业。

　　从大型飞机工程项目开始论证到确定为《国家中长期科学和技术发展规划纲要》的十六个重大专项之一，直至立项通过，不仅使全国上下重视起我国自主航空事业，而且使我们的人民、政府理解了我国航空事业半个世纪发展的艰辛和成绩。大型飞机重大专项正式立项和启动使我们的民用航空进入新纪元。经过 50 多年的风雨历程，当今中国的航空工业已经步入了科学、理性的发展轨道。大型客机项目其产业链长、辐射面宽、对国家综合实力带动性强，在国民经济发展和科学技术进步中发挥着重要作用，我国的航空工业迎来了新的发展机遇。

　　大型飞机的研制承载着中国几代航空人的梦想，在 2016 年造出与波音 *B737* 和空客 A320 改进型一样先进的"国产大飞机"已经成为每个航空人心中奋斗的目标。然而,大型飞机覆盖了机械、电子、材料、冶金、仪器仪表、化工等几乎所有工业门类,集成了数学、空气动力学、材料学、人机工程学、自动控制学等多种学科,是一个复杂的科技创新系统。为了迎接新形势下理论、技术和工程等方面的严峻挑战,迫切需要引入、借鉴国外的优秀出版物和数据资料,总结、巩固我们的经验和成果,编著一套以"大飞机"为主题的丛书,借以推动服务"大型飞机"作为推动服务整个航空科学的切入点,同时对于促进我国航空事业的发展和加快航空紧缺人才的培养,具有十分重要的现实意义和深远的历史意义。

2008 年 5 月,中国商用飞机有限公司成立之初,上海交通大学出版社就开始酝酿"大飞机出版工程",这是一项非常适合"大飞机"研制工作时宜的事业。新中国第一位飞机设计宗师——徐舜寿同志在领导我们研制中国第一架喷气式歼击教练机——歼教 1 时,亲自撰写了《飞机性能捷算法》,及时编译了第一部《英汉航空工程名词字典》,翻译出版了《飞机构造学》《飞机强度学》,从理论上保证了我们飞机研制工作。我本人作为航空事业发展 50 年的见证人,欣然接受了上海交通大学出版社的邀请担任该丛书的主编,希望为我国的"大型飞机"研制发展出一份力。出版社同时也邀请了王礼恒院士、金德琨研究员、吴光辉总设计师、陈迎春副总设计师等航空领域专家撰写专著、精选书目,承担翻译、审校等工作,以确保这套"大飞机"丛书具有高品质和重大的社会价值,为我国的大飞机研制以及学科发展提供参考和智力支持。

编著这套丛书,一是总结整理 50 多年来航空科学技术的重要成果及宝贵经验;二是优化航空专业技术教材体系,为飞机设计技术人员培养提供一套系统、全面的教科书,满足人才培养对教材的迫切需求;三是为大飞机研制提供有力的技术保障;四是将许多专家、教授、学者广博的学识见解和丰富的实践经验总结继承下来,旨在从系统性、完整性和实用性角度出发,把丰富的实践经验进一步理论化、科学化,形成具有我国特色的"大飞机"理论与实践相结合的知识体系。

"大飞机"丛书主要涵盖了总体气动、航空发动机、结构强度、航电、制造等专业方向,知识领域覆盖我国国产大飞机的关键技术。图书类别分为译著、专著、教材、工具书等几个模块;其内容既包括领域内专家们最先进的理论方法和技术成果,也包括来自飞机设计第一线的理论和实践成果。如:2009 年出版的荷兰原福克飞机公司总师撰写的 Aerodynamic Design of Transport Aircraft(《运输类飞机的空气动力设计》),由美国堪萨斯大学 2008 年出版的 Aircraft Propulsion(《飞机推进》)等国外最新科技的结晶;国内《民用飞机总体设计》等总体阐述之作和《涡量动力学》《民用飞机气动设计》等专业细分的著作;也有《民机设计 1000 问》《英汉航空双向词典》等工具类图书。

　　该套图书得到国家出版基金资助,体现了国家对"大型飞机项目"以及"大飞机出版工程"这套丛书的高度重视。这套丛书承担着记载与弘扬科技成就、积累和传播科技知识的使命,凝结了国内外航空领域专业人士的智慧和成果,具有较强的系统性、完整性、实用性和技术前瞻性,既可作为实际工作指导用书,亦可作为相关专业人员的学习参考用书。期望这套丛书能够有益于航空领域里人才的培养,有益于航空工业的发展,有益于大飞机的成功研制。同时,希望能为大飞机工程吸引更多的读者来关心航空、支持航空和热爱航空,并投身于中国航空事业做出一点贡献。

2009 年 12 月 15 日

前　　言

　　商用飞机制造业是国民经济的重要产业,具有高技术、高附加值和知识密集型等特点,是体现国家全球竞争力的行业。在高度竞争的市场条件下,经济性是商用飞机市场开拓的关键要素,也成为了飞机设计优化的基本目标。在当前航空大众化的趋势下,民用航空行业在关注技术创新和工程创新的同时,需要把产业经济性、项目经济性和飞机产品经济性统筹协调考虑,推动建立可持续发展的,具有全球竞争力的产业链。

　　商用飞机的发展历程就是通过持续性的技术改进与设计优化,不断提高飞机产品安全性、经济性、舒适性和环保性的过程。发展规律表明,每一代新机型的推出,需要在运营经济性上有 $10\% \sim 15\%$ 左右的改善,才可能获得航空公司的认可。但是飞机制造商在新技术上的研发投入,势必会推高飞机成本,在飞机价格主要由市场决定的情况下,会降低其自身的盈利能力,影响其对后续机型的研发投入和持续稳健的发展。过分追求新技术甚至会导致飞机制造商在商业上面临破产的危机,因此,必须对商用飞机项目开展广泛的技术经济研究。商用飞机技术经济的研究应涵盖飞机设计和制造的经济性分析,民用航空经济性评估方法、标准和体系;飞机全寿命成本、直接使用成本、直接维修成本;影响飞机经济性设计的因素分析;面向价值工程的设计方法与体现了新一代布局飞机经济性分析、环保与经济性的关系、市场销售策略、经济环境和运营环境的影响,国家宏观政策和发展战略以及国际环境的影响等内容。

　　2015 年 12 月,上海航空学会技术经济专业委员会成立大会暨第六届商用飞机技术经济论坛在上海成功召开。技术经济专业委员会在 2015 年通过上海航空学会审议并成立。本次大会由上海航空学会主办,中国商飞市场研究中心承办,上海交通大学协办。此前市场研究中心与上海交通大学已经连续五年合作召开商用飞机经济性设计学术研讨会,在商用飞机经济性研究领域内获得了良好的效果,2015 年会议更名为商用飞机技术经济论坛。

会议代表来自上海航空学会、中国商飞、中航工业发展研究所、中航飞机西安民机有限责任公司、上海交通大学、航空公司、租赁公司、国际航空咨询公司、维修公司、航空类专业院校等 20 家单位的领导和专家。在本届商用飞机技术经济论坛上,与会代表围绕民机技术经济研究范畴和意义、经济性设计优化、市场运营等相关议题,分享了研究成果,就商用飞机技术经济研究的未来发展展开了热烈讨论。本书即为该次会议的优秀论文成集而来。

本书可供从事相关工作的技术和研究人员使用,也可供决策人员参考。

目　　录

基于报童模型的航空公司收益管理研究

曹 刚

（中国商飞上海飞机设计研究院，上海　201210）

摘要：航空运输业是收益管理应用的发源地。以利润最大化为主要目标的收益管理，在提高航空公司运营效益及竞争优势方面发挥了巨大的作用。本文基于报童模型的理论基础，建立了适用于航空公司的超售模型，并通过案例，说明了模型的使用方法及其有效性，为航空公司收益管理实践及日常运营工作提供理论指导。

关键词：收益管理；报童模型；超售

Research of Revenue Management of Airlines Based on News Vendor Model

Cao Gang

（China COMAC Shanghai Aircraft Design and Research Institute，Shanghai 201210）

Abstract：Air transport industry is the birthplace of revenue management. Maximizing the profit is the main goal of revenue management which played an important role in improving airline operation efficiency and competitive advantages. This paper established a overbooking model which based on the theory of news vendor model. The case indicated the application of the overbooking model and its effectiveness. The model also provide theoretical guidance for airline revenue management practice and daily operation.

Key Words：revenue management；news vendor model；overbooking

0　引言

航空运输业经过 100 余年的发展，已经成为真正意义上的全球化产业，为跨国公司、国际组织、公共管理部门、社会团体及个人进行访问交流、合作沟通提供了最为高效便捷的交通服务。这个庞大的产业为全球提供了约 5 800 万个就业岗位，每年搭载 30 多亿民航旅客，运输 5 000 多万吨航空货物，创造近 2.4 万亿美元的经济价值。

然而，随着国际互联互通程度的加强及"天空开放"政策在更多国家的推行，航空公司之间的竞争也变得愈加激烈。近年来,低成本航空凭借其高座位密度、高飞机利用率、高客座率及低票价的运营模式,进一步使得航空运输产业成为名副其实的"红海市场"。价格战是所有航空公司都不愿意看到的后果。因此,现今大部分航空公司都把竞争的焦点聚集于收益管理,这也是目前低成本航空公司普遍施行的战略之一:应用收益管理实现外张式的利润增值。

本文通过报童模型及理论(News Vendor Model),建立起航空公司收益管理中的超售策略,帮助航空公司完善精益管理,实现收益最大化,以满足航企本身及利益相关方的需求和投资回报。

1　单周期订货模型

1.1　问题背景

报童每天清晨从报社购进报纸零售,但是在订购报纸的时候不能确定当天的实际需求数量,因此他只能根据以往的经验。如果报童当天购进的报纸太少,则导致不够卖而少赚钱;如果报童当天购进的报纸太多,则会卖不完而赔钱,那么如何来确定报童每天订购报纸的数量就成了一个关键问题。

报童模型其实是一种单周期订货模型,即在单位周期内只订购一次货物以满足整个单位周期的需求量。单周期订货模型主要用于容易腐烂物品(鲜花、海鲜、时令水果等)以及有效期短的产品(杂志、报纸等)的订货。这些未出售或未使用商品过了本周期就会失去价值,或者其过期的残值很小。例如,鲜花未被出售将会枯萎,过期报纸杂志将会廉价售给废品回收站,甚至处置剩余商品可能还需产生额外费用。模型要求制订该周期订货量,以使收益最大或损失最少。

1.2　模型建立

1.2.1　假设条件

首先作如下假设:

(1) 存在一个决策变量 Y(报纸采购量)和一个随机变量 X(报纸需求量),这两个变量共同作用于结果。

(2) 必须先决定 Y 的数量,即 Y 先于 X 发生。

(3) 当 X 大于 Y 时,出现缺货成本(缺货单位成本已知);当 X 小于 Y 时,出现过量成本(过量单位成本已知)。

(4) X 为非负的随机变量,且概率分布已知。

(5) 单位报纸购进价格为 b,零售价格为 a,打折价为 c,且 $a > b > c$。

(6) 从实际来看,优化目的是使报童长期的平均收入最大,即利润的数学期望最大化。

1.2.2　连续型需求分布

在某些情况下需求很大,可以认为需求分布是连续函数,因此假设需求量 r 是连续型随机变量,其概率密度为 $f(r)$,报纸订购量为 Q,利润函数为 $L(r)$,利润期望为 $E[L(r)]$。

若当天的报纸需求量 $r \leqslant Q$,则售出 r 份报纸,打折处理 $Q - r$ 份报纸。若当天的报纸需求量 $r > Q$,则 Q 份报纸全部售出,因此利润函数为

$$L(r) = \begin{cases} (a-b)r - (b-c)(Q-r),\ r \leqslant Q \\ (a-b)Q,\ r > Q \end{cases} \tag{1}$$

因此利润期望 $E[L(r)]$ 为

$$E[L(r)] = \int_0^Q [(a-b)r - (b-c)(Q-r)]f(r)\mathrm{d}r + \int_Q^{+\infty} (a-b)Qf(r)\mathrm{d}r \tag{2}$$

为求得利润期望的最大值,对 $E[L(r)]$ 求一阶导数:

$$\frac{\mathrm{d}E(Q)}{\mathrm{d}Q} = -(b-c)\int_0^Q f(r)\mathrm{d}r + (a-b)\int_Q^{+\infty} f(r)\mathrm{d}r \tag{3}$$

令 $\dfrac{\mathrm{d}E(Q)}{\mathrm{d}Q} = 0$,得到报纸最优订购量 Q^* 满足式(4):

$$\frac{\int_0^{Q^*} f(r)\mathrm{d}r}{\int_{Q^*}^{+\infty} f(r)\mathrm{d}r} = \frac{a-b}{b-c} \tag{4}$$

因为 $\int_0^{+\infty} f(r)\mathrm{d}r = 1$,因此式(4)又可以表示为

$$\int_0^{Q^*} f(r)\mathrm{d}r = \frac{a-b}{a-c} \tag{5}$$

由此可以得出最优订购量 Q^*。

1.2.3 离散型需求分布——报童模型

设需求量 r 是非负的离散型变量,假设其概率分布为 $P(r = r_i) = P_i (i = 1, 2, \cdots)$,求最优订购量 Q^*,使利润期望值最大。

离散型需求与连续型需求的利润函数相同,均为式(1)。离散型需求的利润期望为

$$E[L(r)] = \sum_{r_i \leqslant Q} [(a-b)r_i - (b-c)(Q-r_i)]p_i + \sum_{r_i > Q} (a-b)Qp_i \tag{6}$$

对式(6)利用差分法得到最优订购量 Q^* 满足式(7):

$$\sum_{r_i \leqslant Q^*} p_i = \frac{a-b}{a-c} \tag{7}$$

由此可以得出最优订购量 Q^*。

2　航空公司超售模型

长期以来航空公司发现有部分旅客预订了机票,但最后由于各种原因不登机,导致出现了座位放空的情况。由此,航空公司就开始有意识地超量售票,使得最终登机的乘客数尽量与飞机的座位数匹配。航空公司收益管理中一个非常重要的模型即超售模型,它以报童模型为基础,并利用了风险决策理论来解决该问题。

每个航班的现金运营成本(cash operation cost)仅与机组费、燃油费、导航费、机场收费、维修费、地面服务费相关。乘客满载与不满载仅对燃油消耗有轻微影响,而其余费用与乘客数无关。因此可以认为每个航班的现金运营成本与乘客数量无关,为了简化,假设每趟航班的现金运营成本为 C,且假定每个旅客支付的票价都相同。

由于超售策略使得旅客总人数超过飞机座位数,如果旅客全部要求登机,那么必然会有部分旅客被转至下一个航班,因此航空公司会因超售而耽误旅客行程而支付赔偿费用。根据报童模型理论,每个旅客的赔偿费用即单位过量成本,而飞机每一个座位放空导致的利润减少即单位缺货成本。

假设参数如表 1 所示。

表 1　假设参数

飞机座位数	N	未出现者数	k
机票价格	g	实际登机人数	$m-k$
每趟航班成本	C	每个旅客赔偿费	b
预订持票者数	m	每趟航班利润	S_k

则每趟航班利润为

$$S_k = \begin{cases} (m-k)g-C, & k \geqslant m-N \\ (Ng-C)-(m-k-N)b, & k < m-N \end{cases} \tag{8}$$

S_k 为随机变量,假设有 k 个未出现者的概率为 P_k,计算 S_k 的数学期望(均值)为

$$
\begin{aligned}
E(S_k) &= \sum_{k=0}^{m} P_k S_k \\
&= \sum_{k=0}^{m-N-1} P_k \left[(Ng-C)-(m-k-N)b \right] + \sum_{k=m-N}^{m} P_k \left[(m-k)g-C \right] \\
&= \sum_{k=0}^{m-N-1} P_k \left[(N-m+k)g-(m-k-N)b \right] + (mg-C)\sum_{k=0}^{m} P_k - g\sum_{k=0}^{m} kP_k
\end{aligned}
$$

$$\tag{9}$$

由于 $\sum\limits_{k=0}^{m}P_k=1$，且 $\sum\limits_{k=0}^{m}kP_k$ 为未出现者的期望值 $E(k)$，于是式(9)可以表示为

$$E(S_k)=[m-E(k)]g-C-(b+g)\sum_{k=0}^{m-N-1}P_k(m-N-k) \tag{10}$$

现假设任一持票者出现的概率为 P，而不出现的概率为 $1-P$，且乘客彼此之间是相互独立的。则乘客服从参数为 m，P 的二项分布，即 $P_k=C_m^k(1-p)^kp^{m-k}$，则未出现者的数学期望为 $E(k)=m(1-P)$，代入式(10)为

$$E(S_k)=pmg-C-(b+g)\sum_{k=0}^{m-N-1}P_k(m-N-k) \tag{11}$$

以每张机票价格 g 为计算单位的利润期望为

$$\frac{E(S_k)}{g}=pm-\left(1+\frac{b}{g}\right)\sum_{k=0}^{m-N-1}P_k(m-N-k)-\frac{C}{g} \tag{12}$$

从航空公司的角度来看，式(12)中的 C、g、b、p、N 是外部参数，在外界环境一定的情况下很难改变，所以航空公司的超售策略就是通过控制 m 来使利润期望 $E(S_k)$ 最大化。

3 应用举例

航空公司超售模型是一个优化问题，可以利用计算机对式(12)进行求解，即使用枚举法，逐个对计算值比较大小，从而得到最优解。

例如，A 航空公司的某趟航班座位数为 200，赔偿金/机票价格 $(b/g)=0.2$，持票者不出现的概率为 0.01。计算持票者数 m 取不同值时的利润期望 $\dfrac{E(S_k)}{g}$，式(12)可以得到如表 2 所示的计算结果。

表 2   计算结果

m	201	202	203	204	205	206	207	208
$\dfrac{E(S_k)}{g}$	286.94	287.61	288.13	289.07	289.65	289.24	288.72	288.06

由表 2 可以看出，当 $m=205$ 时，利润期望 $\dfrac{E(S_k)}{g}$ 取到最大值，所以 A 航空公司的超售策略为可以预订 205 张机票。

更进一步，我们对不同的赔偿金/机票价格 (b/g) 以及持票者不出现的概率 $(1-P)$ 进行敏感性分析。仍以座位数 200 为例，计算得航空公司最优售票数如表 3 所示。

表 3　不同的参数对最优值的影响

b/g ＼ 1－P	0.01	0.02	0.03	0.05	0.06
0.1	205	209	213	216	219
0.2	205	208	212	215	218
0.3	204	207	211	215	217
0.4	204	207	211	214	216
0.5	203	206	210	214	215

可以看出，相对于赔偿金/机票价格(b/g)，持票者乘机的概率 P 对航空公司的超售策略具有更重要的影响。所以航空公司应该在日常运营的过程中注意统计乘机者不出现的概率，从而使得模型更加精确。

4　总结

本文根据离散型需求分布的单周期订货模型（报童模型），提出了适用于航空公司的机票超售模型，并通过案例分析，阐明了模型的使用方法及各参数对超售策略的敏感性，为航空公司收益管理及日常运营工作提供了理论依据。

本文提出的还是初步的近似模型，鉴于航空公司日常运营中涉及的情况将更为复杂。例如，航空公司采取的多票价订票策略及某些乘客最终登机的概率具有相关性等，今后将针对上述情况，结合特定航空市场开展更为深入的分析。

参 考 文 献

[1] 周晶,杨慧. 收益管理方法与应用[M].北京：科学出版社,2009.
[2] 赵仪娜. 经济管理数学模型[M].西安：西安交通大学出版社,2014.
[3] 邱灿华. 运营管理[M].北京：化学工业出版社,2011.
[4] 曹泽洲. 生鲜商品的报童问题研究[J].中国市场,2009,(2):54－55.
[5] 谭建,王先甲. 缺货惩罚下的损失厌恶报童模型[J].武汉大学学报,2010,43(5):677－680.

民用飞机空调系统经济性设计研究

况　薇

（中国商飞上海飞机设计研究院，上海　201210）

摘要：本文首先指出民用飞机的经济性对提高其竞争力的重要性，而良好的系统设计则是提高飞机经济性的前提。接着以民用飞机空调系统为例，从构型、功能及材料等方面对其经济性设计进行了分析和研究。

关键词：民用飞机；空调系统；经济性

The Research of Civil Aircraft Air Conditioning System Economic Design

Kuang Wei

（China COMAC Shanghai Aircraft Design and Research Institute，Shanghai 201210）

Abstract：This paper states that economic is one of the most important factor that affect the aircraft competitiveness and well design is the premise to improve the aircraft economic at the beginning，and employ the civil Aircraft Air Conditioning System as an example to analysis and research the aircraft economic in the aspect of configuration，function，and material，etc.

Key Words：civil aircraft；air conditioning system；economic

0　引言

民用飞机的发展是一项周期长、投资大、技术密集、协调复杂且具有高风险的工程。民用飞机的目标与要求的主要来源于市场，根据现在市场与潜在市场的需要，提出并确定新型飞机发展的目标及要求。经济性作为民用飞机设计的一项重要指标，对民用飞机的竞争力具有非常重要的影响。经济性从民机设计初期开始就作为一个相当重要的设计考虑点，并贯穿于设计周期的整个流程[1]。

1　空调系统设计的经济性考虑

1.1　概述

设计费用在飞机项目全寿命费用中尽管所占的比重不大，但设计工作对项目全寿命费用的影响却是巨大的。一般来说。全寿命费用的 85％取决于研制阶段,65％取决于方案阶段,可见设计对项目全寿命费用的重要性。方案的设计与决策对项目全寿命费用具有决定性的影响[1]。因此,不仅是飞机级的总体性设计,对于系统而言,如何将经济性贯彻到设计的全过程中也至关重要。

　　下面以空调系统为例,对其如何通过系统构型、功能和材料等方面的设计来提高系统经济性进行分析和说明。

1.2　空调系统简述

　　空调系统主要是由空气分配系统、增压控制系统、制冷系统及温度控制系统等组成的。通过控制器对座舱的通风、增压、温度进行调节和控制,以实现为各舱室提供足够的增压空气,为乘员提供足够的、无污染的新鲜空气,并调节驾驶舱和客舱温度在舒适的范围内。其中制冷组件作为空调系统的核心,可以将来自发动机(地面可由 APU 或气源车供气)的高温、高压空气调节为温度、压力及相对湿度适宜的空调供气,满足整个飞机驾驶舱、客舱等区域的温度、压力控制需要。

1.3　组件优化

　　制冷组件的发展从早期的低压除水系统到 20 世纪五六十年代的两轮式空气循环机以及六七十年代的三轮式,再到当今已逐步应用的四轮式,经历了性能逐步完善和经济性显著提高的过程。

　　在 SAE 932056 中[①],其对以上所述的高低压除水及三轮和四轮空气循环机的特点进行了详细描述和成本比较。经过逐一的对比,以波音 B757、B767 和空客 A320 为代表应用的三轮式高压除水系统比早期的低压除水系统不仅不需要对凝聚过滤器进行维护,同时,也提高了除水能力,更为重要的是节约发动机引气且组件的出口温度可以低于冰点。另外,该文件还假设了三轮和四轮空气循环机在相同条件下的运行工况,并采用热力学计算公式对两套系统的进行了模拟计算。根据计算结果显示由于四轮式循环机中具备两级涡轮,第二级涡轮的存在使得经过冷凝器后被加热的空气温度再次降低,所以四轮式的出口温度比三轮式降低了很多,文中假设条件下计算结果显示降低了 8℃。这意味着在与三轮系统制冷组件同样的出口温度时,四轮系统的二级换热器出口温度可以高大约 8℃。而出口温度的提高表明二级热交换器的效率要求可以降低约 8％,这将大大减轻热交换器的重量。在相同的系统要求下,采用已被大量实验所证明的稳态热分析模型对三轮和四轮系统重量进行比较。结果显示,单套制空气循环机四轮比三轮共节省重量约 27 kg,两套约节省重量 55 kg。在循环效率相同的情况下,四轮空气循环机具有更轻的系统重量。同时,

---

① SAE 是 Society of Automotive Engineers 的缩略语,中文全称是机动车工程师协会。SAE 标准成立于 1905
　年,是国际上最大的汽车工程学术组织。SAE932056 的文件名称为冷凝式循环调节系统。

冷凝器的工况高于冰点温度,使得系统的设计简化,控制的复杂性降低,也具更稳定的除水性能。综上,四轮式空气循环机代表了更高的系统性能和经济性要求。

此外,作为核心部件的制冷组件除了以上所提到的显著构型改进外,在功能设计上也充分考虑了系统的经济性要求。下面以波音777型飞机的制冷组件为例(见图1),进行说明。

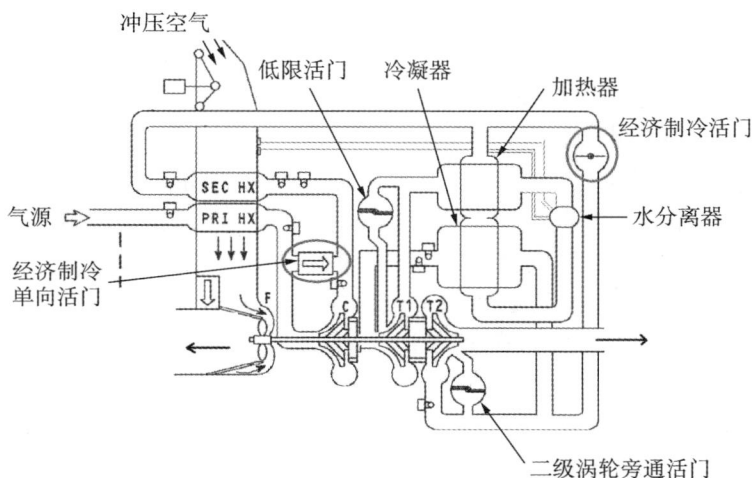

图1 波音777制冷组件原理

目前,在大部分旅客机上所采用的空气循环机制冷组件都是从高压气源引气,通过流量控制活门进入制冷组件。空气经初级热交换器降温后,进入空气轴承式空气循环机的压气机升温、升压,再经过次级热交换器降温,进入回热器和冷凝器,此时有大量的水析出,经高压水分离器分离的大量水分被喷射到冲压空气冷风道,以提高换热器的换热效率。干燥的空气再次回到回热器升温,然后进入涡轮膨胀降温,经冷凝器后,进入下游混合腔中。然而,在这种传统设计中没有考虑在某些条件下对发动机引气的最优化使用。而在波音777型飞机的制冷组件上,分别增加了一个经济制冷单向活门和经济制冷活门。

对于制冷组件,由于涡轮位于压气机的下游,当制冷系统起动时,由于引气先流过压气机,会造成制冷组件难以起动,而波音777的制冷组件中有个经济制冷单向活门,此活门与压气机并联,当制冷组件起动时,允许气体旁通压气机。当经济制冷单向活门打开时,空气可直接从初级换热器出口流到次级换热器进口,从而让引气直接冲击涡轮,对涡轮做功,带动制冷组件转动。这种设计改善了空气循环机的起动性能[2]。而当环境温度较低,座舱的制冷量要求不高时该设计下的制冷组件可以切换至经济模式下运行。通过打开经济制冷活门,气体可以直接流入二级涡轮中

（对于三轮式空气循环机，也可以将次级换热器出口的空气直接旁通至制冷组件出口）。系统在此模式下运行时，可以通过调节涡轮旁通活门及冲压空气活门的开度来调节组件出口温度。同时，该优化设计也可以避免特定工况下引气压力过低，造成经过空气循环机时不能实现有效的膨胀冷却以满足座舱温度要求等问题。在例如高空低湿等环境条件下，系统无须切换到发动机压气机的高压级进行引气，就能满足系统的制冷要求。避免了发动机性能的降低，提高了制冷系统的经济性。

1.4　系统功能优化

除了以上对空调系统核心部件进行构型优化以提高经济性的设计外，通常还可以通过新增系统功能来提升飞机的经济性能，例如干燥系统。

因为飞机在高空飞行时，外舱壁内表面温度较低，当部分区域的温度低于露点温度时，就会导致空气中水汽的凝结。这部分水汽主要来自于乘客和空勤人员呼吸。飞机在飞行过程中，每位乘客每小时大约呼出 100 g 的水汽，空勤人员通常是其两倍。当水汽与冷壁面接触，同时壁面温度低于客舱空气露点温度或冰点温度时，就会产生冷凝现象，生成游离水和冰。冷凝水会浸入到绝热层内，导致飞机重量增加，腐蚀绝热层，降低绝热层性能和使用寿命。同时，冷凝水还会导致电器设备故障，腐蚀飞机上的其他设备。据有关研究统计，飞机在经过长期飞行后其重量会明显增加，严重时甚至高达 200 多千克，这将会增加飞机的运营成本。因此，设置干燥系统有利于增强飞机的经济性，降低维护成本，延长机上设备的使用寿命。

1.5　轻量化设计

由上述空调系统的各类改进可以看出，在提高飞机的经济性而进行的系统优化过程中，重量是其中的一个重要考察目标。因此，除了可以通过构型，功能等改进来实现减重外，空调系统还可以通过一些轻量化设计来直接降低重量，提高经济性。

根据系统功能要求，空调系统通常需要给多个舱室（包括驾驶舱，客舱，货舱及电子设备舱等）进行通风，其高低压管路的布置几乎贯穿全机，所以管路是空调系统重量的主要组成部分。对于飞机而言，系统的重量越轻，在相同的条件和航程下，飞机的油耗越低。因此在满足一定的强度、刚度和寿命条件下，要求系统的重量越轻越好。新材料的应用是降低重量的主要来源。早期，空调系统的管路通常由钢和铝合金等材料制成。随着材料技术的发展，钛合金和各种复合材料以其优越的性能表现和更轻的重量开始被航空领域广泛采用。空调系统的低压管路由于输送的为较低压力和温度的气体，其对使用材料的要求较低，可选材料范围较广，一般的轻质材料如玻璃纤维等都可作为管路的制造材料之一。而对于高压管路，它的气体主要来自于高温高压气源，不仅温度高达 200℃ 以上，气体压力也比座舱和环境压力高出很多。因此，要求采用的材料具有优异耐高温性能及良好的综合性能。除了钛合金外，聚醚醚酮（PEEK）作为第 3 代高分子材料的新领域，该特种工程塑料具有高强度、高模量、耐高温、耐辐射及尺寸稳定等特点。因此,可以充分利用聚醚醚酮材料以上高性能优势,制造出高精度耐热、耐腐蚀、耐磨损、抗疲劳和抗冲击的复合材料工程零部件来代替传统的金属材料零部件,以充分实现系统的轻量化设计。

2 结论

　　民用飞机空调系统的设计和优化是一项复杂的工程,不局限于关键部件的构型改进,以及系统功能的增加或是新型材料的应用等。随着科技的进步,如全电技术在飞机上的应用和发展,空调系统也必将结合这些前沿技术,以更佳的经济性为目标不断采用新方法,新技术力求发展,提高飞机在市场中的竞争力。

参 考 文 献

[1] 苏森.飞机设计手册第 22 册《技术经济设计》[M].北京:航空工业出版社,2001.

[2] 路多,黄纯洲.现代干线客机的空气管理系统[J].航空科学技术,2004,(4):29 - 32.

[3] 寿荣中,何慧姗.飞行器环境控制[M].北京:北京航空航天大学出版社,2004.

[4] 孙学德.客舱空气湿度与冷凝水研究[J].科技信息,2011,(22):821 - 822.

[5] 王宝成,李琨,周海鸥.高性能工程塑料聚醚醚酮的开发研究[J].化工科技,2006,14(5): 46 - 48.

[6] [AIR 1168] Society of Automotive Engineers. Aircraft Fuel Weight Penalty Due to Air Conditioning [R]. Aerospace Information Report 1168/8, Warrendale, SAE, 1989.

[7] Liebeck R H, et al. Advanced Subsonic Airplane Design and Economic [J]. 1995.

基于测试性的民用飞机 COTS 经济性评价

李海伟　马麟龙　谢加强

（中国商飞上海飞机设计研究院,上海　201210）

摘要：商用货架产品（commercial off the shelf，COTS)设备具有低获取成本、广泛的用户基础和成熟的供应商支持的特点。飞机系统或设备采用的 COTS 一般为黑盒,通常对其测试性的度量较为复杂且其运营维护难以预测。目前存在的测试性评价方法一般要求熟悉产品底层设计原理和细节,通过更改设计提高产品的设计属性,这并不符合工程实际。本文给出了基于产品测试性的民机 COTS 设备的经济性评价模型和方法,该方法可通过与测试性有关的产品属性对 COTS 进行经济性评估,有助于系统设计工程师在系统集成时对 COTS 进行权衡。

关键词：测试性设计；故障检测；故障隔离；商用货架产品；机内测试；经济性评价模型

Economic Evaluation of Commercial Aircraft COTS based on Testability

Li Haiwei　Ma Linglong　Xie Jiaqiang

(China COMAC Shanghai Aircraft Design and Research Institute，Shanghai 201210)

Abstract：Commercial off the shelf (COTS) has advantages of low acquisition costs, wide user base and mature support from the vendors. The COTS used in aircraft systems or equipments general are black box，it is often complicated to measure the testability and diagnosability of the COTS equipments and therefore its supportability is difficult to predict. The metrics for testability, diagnosability and supportability usually require schematic with design details，and the design attributes are improved through design changing，but it is not practical for COTS. The economical evaluation model and method of civil aircraft COTS equipments based on the testability of products are proposed in this paper, the economy of COTS is evaluated with the product's attributes related to testability, it is contributed to tradeoff of COTS in system integration for system design engineer without depending on schematic level information.

Key Words：testability design；commercial off the shelf (COTS)；built-in test (BIT)；economic evaluation model；fault detection；fault isolation

0 引言

商用货架产品(commercial off the shelf，COTS)是指在市场上可采购到的具有开放式标准定义接口的软件或硬件。COTS 作为开发成熟且被市场认可的产品，相比新研产品具有以下特点[1]：①减少开发费用，降低开发周期；②具有良好的可靠性，满足严苛使用环境和特殊要求；③经过市场和用户筛选，具有较高置信度；④可提供较好的行业和技术支持；⑤依据产品服务历史，具有较好的维护性和产品支援能力。因此，民用飞机研制过程中大量采用 COTS，以加速飞机系统和设备的研发。此外，飞机系统使用可靠性与系统的可用性紧密相关。系统可用性通常由系统内相互作用的 COTS 组件决定，系统可用性依赖于 COTS 故障检测及将故障隔离到航线可更换件的能力，而测试性设计是实现这一能力的关键。目前，COTS 大多为供应商单独设计，对主制造商而言多为黑盒，对其测试性的度量较为复杂，这为 COTS 筛选和系统集成的权衡工作带来困难。

系统良好的测试性设计可充分地减少产品测试和保障的工作量与费用。研发人员通常依据测试性标准和规范提供的方法来评估测试程序的研制、确定运营保障需求和成本、评估失效探测能力及测试设备资源采购和寿命周期内的设备维护工作[2, 3]。目前，电路板级测试性评分方法主要为 PCOLA/SOQ/FAM 方法[4]。MIL -STD(HDBK)-2165 附录 B 给出了系统级测试性评价方法[5]。该方法提供了一系列的测试性设计条款，当前已有依据测试性条款的一些简化测试性评分方法[6, 7]。为了解决使用 COTS 进行系统集成的经济性权衡难题，本文在 PCOLA/SOQ/FAM 法和系统固有测试性评价方法的基础上，基于测试性设计对产品属性的影响，提出了一套基于测试性的 COTS 经济性评价模型与方法。

1 测试性评价方法

1.1 PCOLA/SOQ/FAM 评分法

PCOLA 评分法是指元器件测试性评分法，该方法分别问 5 个问题进行打分，问题分别由存在(P)、正确(C)、方向(O)、活动(L)和对齐(A)5 个属性的单词首字母代表。SOQ 评分法是指元器件互连测试性评分法，该方法分别问 3 个问题进行打分，问题分别由短路(S)、开路(O)和品质(Q)3 个属性的单词首字母代表。FAM 是元器件功能测试性评分法，该方法分别问 3 个问题进行打分，问题分别由特征(F)、全速度(A)和测量(M)3 个属性的单词首字母代表。3 个方法合称 PCOLA/SOQ/FAM 法，该方法已被国际电子制造商联盟(International Electronics Manufacturing initiative，iNEMI)采用作为板级测试性设计评价标准。

PCOLA/SOQ/FAM 法中，问题打分值范围为 0～1.0 分，表示可被指定测试方法覆盖的百分比,最终汇总各测试方法打分得出总分。常用的 3 个电路测试方法为在线测试(in-circuit test,ICT)、自动光学检查(automatic optical inspection,AOI)和功能板 ATE(functional board ATE,FBT)测试,其 PCOLA 评分示例如表 1 所示。在 SOQ 评分法中,常用的 3 种测试方法均能较好地发现短路和开路,AOI 则对电路品质特性可以有更好的检测。在 FAM 评分法中,对于"特征"和"全速度"两个属性,FBT 可打高分,但对于"测量",ICT 打分更高,而 AOI 则不适用任何 FAM 属性。

表 1   基于 3 种测试方法的 PCOLA 打分

项目	ICT	AOI	FBT	总分
P	1	1	1	1
C	0.5	0	0.5	0.5
O	——	——	——	——
L	1	0	0.8	1
A	0	1	0	1
总分	2.5	2.0	2.3	3.5

综上可知,PCOLA/SOQ/FAM 评分法主要用于板级电路测试性分析。在系统设备级,电路板通过集成变成 COTS 设备,此时 FAM 法较为有用,而 PCOLA 和 SOQ 法则不适用。

1.2   STRID 评分法

COTS 模块一般以黑盒形式存在,通过集成成为系统和设备。失效的 COTS 可导致系统故障,而准确地将系统失效的原因定位至特定单元还存在困难,且诊断过程较为复杂和严格,因此,为了修好系统可能不得不拆换不同的。因此,本文提出了用于评估 COTS 测试性能力的 5 项属性,分别为状态(S)、发送(T)、接收(R)、信号完整性(I)和可诊断性(D),简称 STRID,COTS 的这些属性有助于确定 COTS 设备工作状态,通过输入和输出端口与外部进行通信,并可通过端口发出的电信号识别系统失效源。

1) 状态(S)

COTS 设备作为子系统模块,应具有报告内部状态的能力。大多 COTS 嵌入或具有机内测试(built-in test,BIT),可将一定程度的健康信息状态传递至外部。该特征非常有益于系统运营维护,所以在评价不同供应商产品时应予以优先评估。当打分为 1.0 分时,设备状态应提供运行状态信息和自测试结果,通过运行测试,利用内部设置和其他必要信息可确定设备的健康状态。若设备运行故障预测与健康管理功能,其结果应包含状态数据。若设备能够过滤虚警,其状态位、字节或字应反映位错误率和其他失效。如果设备状态仅仅报简单的 GO/NO GO 结果,则设备状态打分将小于 1.0 分。

2) 发送(T)

COTS 设备打分为 1.0 表示其不仅能验证其发送的内容,而且可更正已发送的信息,可通过重新发送信息或回送机制实现。

3) 接收(R)

COTS 设备打分为 1.0 表示其不仅能验证接收的信息,而且可更正已接受的信息,利用发送设备的不同频道或不同模块发送同一信息或回送机制实现。

4) 信号完整性(I)

COTS 设备信号完整性用于寻找发送或接收信号的潜在妥协方案,包括衰减、噪声、抖动、电磁效应以及其他干扰。该打分可扩展,以确定理想的电信号或合适的阈值。设备信号完整性打分取 1.0 很难,除非发送和接收模块具有内部测量能力。COTS 供应商利用层次化方法使得电路板级或子系统级的 FAM 属性可用于系统级的测试性评价。

5) 可诊断性(D)

COTS 设备可诊断性打分为 1.0 表示该设备在进行系统失效根原因定位时具备将自身从其他设备中隔离出来的能力。COTS 进行 BIT 设计将给予更高的评分。隔离到模糊度为 2 的模糊组其打分取值范围为 0.5～0.8,具体打分依 COTS 模块的数量和故障隔离要求而定。隔离到 3 个或更少模块其打分不超过 0.25。

2 经济性评价模型

COTS 的测试性设计将会影响 STRID 法中属性的得分值,通过识别对 STRID 属性敏感的成本因素,对 COTS 的运营保障成本进行定义,建立 COTS 的经济评价模型,可实现对 COTS 的经济性评价,同时有助于系统测试性设计与经济性的权衡分析。

建立的经济性评价模型如下:

$$C_S = C_E + C_D + C_R + C_I \tag{1}$$

式中:C_S 为运营保障成本;C_E 为漏检成本;C_D 为检测成本;C_R 为维修成本;C_I 为停工成本。

对于民用飞机而言,飞机系统或设备的运营保障的成本可能远超过 COTS 的采购成本,如较低价值的计算机控制着整个飞机的飞行,因此有必要在选择 COTS 供应商时对其 COTS 产品进行经济性评价,以降低采用该 COTS 产品所带来的运营保障成本。

2.1 漏检成本

漏检成本是由于故障测试覆盖率不足100％导致的。被测单元的漏检率计算式为

$$E_r = \frac{未覆盖的被测单元数}{所有已测试的被测单元数} = 1 - Y^{1-f} \tag{2}$$

式中：E_r 为漏检率；Y 为执行测试时单元的品质；f 为故障覆盖率。

漏检成本计算式为

$$C_E = M_{cost} \cdot \alpha_{esc} \cdot E_r \tag{3}$$

式中：C_E 为漏检成本；M_{cost} 为设备的销售价格；α_{esc} 为乘法系数；E_r 为漏检率。

STRID 属性会影响漏检成本：当 $S = 1.0$ 时，表示 COTS 模块不仅能运行自测试，而且具有报告其状态的能力。内部 BIT 可能无法达到 100％的内部故障检测率，但其仍可能覆盖更多故障。因而 S 分值的变化如 ΔS，将导致 f 取值和 E_r 变化，即 ΔE_r。T、R、I 打分将同样导致 Δf 和 ΔE_r，但可诊断性不对故障检测产生影响，若某故障漏检了则其并不需要诊断，因此 D 属性并不影响漏检成本。

2.2 检测成本

系统检测成本主要由嵌入式测试、BIT、TPS 开发和 ATE 采购成本组成，即测试集成本 C_{ts}。停机时间成本是检测成本的另一因素，即 C_{dt}，这时测试通常给出的是 Go/No Go 结果。当发生故障报告时，将产生管理时间和行为，其成本记为 C_{at}。检测成本的计算式如下：

$$C_D = C_{ts}/V + N \cdot C_{dt} + (m_t + m_{fa}) \cdot C_{at} \tag{4}$$

式中：C_D 为检测成本；C_{ts} 为测试集（BIT、TPS、ATE 等）成本；V 为测试集使用总次数；C_{dt} 为停机时间成本；N 为单个被测单元运行测试的次数；C_{at} 为报告故障导致的管理时间和行为成本；m_t 为真实故障的故障指示百分比；m_{fa} 为虚警的故障指示百分比。

高 S 属性打分说明存在监测系统健康状态的 BIT，BIT 将减少测试集成本，即 ΔC_{ts}，同时 BIT 的存在将减少故障排故时间，因此管理时间也将减少，即 ΔC_{at}，另外故障指示的百分比 $m = m_t + m_{fa}$ 将会减少，即 Δm；T、R、I 和 D 属性打高分将同样减少检测成本。

2.3 维修成本

通常 COTS 由简单可替换的可诊断模块组成，维护方便。在进行系统失效模块定位时，COTS 及其邻近模块之间将构成模糊组，甚至 COTS 及其引出的线缆构成模糊组，模糊组将导致 COTS 之外其他模块的拆换。因此，维修成本与系统失效根

原因的正确诊断紧密相关，其计算式如下：

$$C_R = FI_1 \cdot M_1 + 2 \cdot FI_2 \cdot M_2 + \cdots + n \cdot FI_n \cdot M_n \tag{5}$$

式中：C_R 为维修成本；FI_n 为隔离至不大于 n 个可拆换单元的故障数的占比；M_n 为被隔离至不大于 n 个可拆换单元的单个故障的平均成本；n 为所能隔离出最大模糊组的模糊度。

减少维修成本的关键在于提高系统的诊断能力。STRID 属性能提高诊断的正确性，这将减少 n，即 Δn；当隔离至越小模糊组的故障比例越高会，可拆换模糊组的维修成本也将变化，即 ΔFI，最终将能减少维修成本。

2.4 停工时间成本

可用性给出了被测单元可以执行其正常功能的时间比例。与可用性密切相关的参数主要有 $MTBF$ 和 $MTTR$，$MTBF$ 是故障平均发生频率的度量，为故障率的倒数，即 $MTBF = \frac{1}{\lambda}$。$MTTR$ 是被测单元进行检测、诊断、接近、维修和复检的平均花费时间。因此，停工成本计算式如下：

$$C_I = 1 - A = 1 - \left(\frac{MTBF}{MTBF + MTTR} \right) \tag{6}$$

式中：C_I 为停工成本；A 为可利用率；$MTBF$ 为平均故障间隔时间；$MTTR$ 为平均维修时间。

系统使用可靠性通常用可用性进行度量，如式(6)所示。相比 $MTBF$，$MTTR$ 对可用性的影响更大。测试和诊断的投入将减少系统的 $MTTR$，从而增加系统的可用性。因此 STRID 属性打分分值将影响 $MTTR$ 的变化，即 $\Delta MTTR$，这将减少停工成本，$MTBF$ 则并不受任何 STRID 属性影响。

综上所述，系统良好的测试性可以通过对 STRID 属性的打分加以体现，而 STRID 属性的打分分值将对系统经济性评价模型的成本因素产生影响，如表 2 所示。

表 2　STRID 属性对经济性评价模型成本因素的影响

项目	C_E	C_D	C_R	C_I
S	$\Delta f \Delta E_r$	$\Delta C_{ts} \Delta C_{at} \Delta m$	$\Delta n \Delta FI$	$\Delta MTTR$
T	$\Delta f \Delta E_r$	$\Delta C_{ts} \Delta C_{at} \Delta m$	$\Delta n \Delta FI$	$\Delta MTTR$
R	$\Delta f \Delta E_r$	$\Delta C_{ts} \Delta C_{at} \Delta m$	$\Delta n \Delta FI$	$\Delta MTTR$
I	$\Delta f \Delta E_r$	$\Delta C_{ts} \Delta C_{at} \Delta m$	$\Delta n \Delta FI$	$\Delta MTTR$
D	—	$\Delta C_{ts} \Delta C_{at} \Delta m$	$\Delta n \Delta FI$	$\Delta MTTR$

从表 2 可以看出每一个 STRID 属性对系统成本参数的影响,COTS 的测试性设计将影响 STRID 属性的打分分值,从而影响 COTS 的经济性成本。COTS 好的测试性设计将降低系统寿命周期成本。

3 结论

对于民机主制造商而言,飞机系统和设备中大量采用 COTS 产品,更多关注的是系统 COTS 模块的集成,更需要的是对系统级测试性的评价。本文在 PCOLA/SOQ/FAM 评分方法的基础上,基于系统的测试性,引入了 STRID 方法,用于评价系统内不同 COTS 的经济性,有助于 COTS 的筛选和系统集成。通过对 STRID 属性与经济性评价模型的分析,充分说明了 COTS 测试性设计通过对系统 STRID 属性打分的影响,进而影响系统的漏检成本、检测成本、维修成本和停工成本,最终可评估出其对系统运营保障成本的影响。

参 考 文 献

[1] 郭祺君. COTS 在民用飞机软件设计中的使用和取证分析[J]. 安徽建筑大学学报,2014,24 (5):54-58.
[2] Ungar L Y. An Economics Model of Supportability Through Design for Testability [C]. Proc. Auto Test Con. , Sep. 2006,pp. 74-79.
[3] Davidson S. Justifying DFT with a Hierarchical Top-Down Cost-Benefit Model [C]. Proc. IEEE International Test Conference,2008.
[4] Hird K,Parler K P,Follis Bill. Test Coverage:What does it mean when a Board Test Passes? [C]. Proc. IEEE International Test Conference,2002,1066-1074.
[5] MIL-HDBK-2165. Testability Handbook for Systems & Equipment [S]. July 1995.
[6] Ungar L Y,Davidson S. Simplified Metrics for Evaluating Design for Testability [C]. Proc. Auto Test Con. , Sep. 2009.
[7] Davidson S,Ungar L Y. A Framework for Testability Metrics Across Hierarchical Levels of Assembly [C]. Proc. Auto Test Con. , Sep. 2009.

飞机经营租赁与融资租赁对航空企业财务影响的比较分析

李思颖

（中国商飞上海飞机设计研究院，上海　201210）

摘要：飞机租赁作为飞机引进的方式日益重要，分为经营租赁和融资租赁两种。本文从梳理经营租赁和融资租赁的区别入手，分析两种租赁方式对航空公司财务报表和财务指标的不同影响，总结归纳了航空公司财务报表和财务指标的变动情况。经营租赁具有表外融资的属性，改善财务指标。融资租赁在资产负债表中确认资产和负债，改变航空企业资产结构。在飞机租赁方式中，航空公司倾向于通过经营租赁方式引进飞机。

关键词：经营租赁；融资租赁；财务报表；财务指标

Impacts Of Operating Lease And Financial Lease On Airlines' Finance

Li Siying

（China COMAC Shanghai Aircraft Design and Research Institute，Shanghai 201210）

Abstract：Lease of aircraft has become an increasingly important tool for airline industry，divided into operating lease and financial lease. This paper first distinguishes the differences between operating lease and financial lease. Then the analysis focuses on the impacts of these two kinds of leasing on airlines' financial statements and financial indexes，and on the changes of financial statements and financial indicators. Operating lease is a kind of off balance sheet financing and could improve certain financial indexes. Financial lease confirms the assets and liabilities in the balance sheet，thus changing the asset structure of airlines. Within the lease option，there is an trend in favor of operating lease for airlines.

Key Words：operating lease；financing lease；finance statement；financial indexes

0　引言

飞机租赁是指出租人（租赁公司）在一定时期内把飞机的使用权让与承租人（航

空公司),承租人则按租赁合同向出租人定期支付租金的业务。国际上飞机租赁产生于 20 世纪 60 年代,已经成为各国航空公司引进飞机的主要方式。从 1980 年起,用于经营租赁的全球现役商用飞机在机队中占比从不足 2%,到 2014 年约占 41%,年均增幅为 14%,而同期总机队数量增幅仅为 3.7%。而中国飞机租赁业开始于 20 世纪 80 年代,航空公司开始广泛采用经营租赁或融资租赁的方式引进飞机。

　　我国飞机租赁起步比欧美国家晚了 20 年,但发展十分迅速,自购飞机比例降低,飞机租赁尤其是经营租赁数量逐步上升。截至 2013 年年底,我国民航共有飞机 3 810 架,而租赁引进的飞机已占现有民航机队总数的 70%。表 1 为截至 2014 年年底,我国三大航空公司(国航、南航、东航)现有机队的构成情况。表 2 为在 2014 年之中,三大航空公司不同类别引进方式的飞机所占比例。比较表 1 和表 2,可以看出三大主要航空公司通过租赁引进的飞机数量占据了主要地位,并且飞机经营租赁业务增长,航空公司的经营租赁比例保持明显增长。

表 1　截至 2014 年我国三大航空公司机队构成情况

公司名称	经营租赁数 (所占比例)	融资租赁数 (所占比例)	自购数(所占比例)	飞机总数
国航	140(27%)	153(29%)	226(44%)	519
南航	197(33%)	182(30%)	223(37%)	602
东航	138(28%)	347(72%)(融资及自购)		485

表 2　2014 年我国三大航空公司不同类别引进方式的飞机所占比例

公司名称	经营租赁/%	融资租赁/%	自购/%
国航	30	34	36
南航	37	24	39
东航	40	25	35

注:资料来源于各航空公司 2014 年财务年报。

　　从以上数据可以看出,我国不同航空公司对融资租赁和经营租赁两种方式有不同程度上的侧重。国航是最少通过经营租赁获得飞机的航空公司。本文将首先明晰对经营租赁和融资租赁的定义并归纳两者的区别,然后分析两种租赁方式对航空公司财务报表和财务指标的不同影响,比较与评价两种租赁方式的特点,以期对我国航空公司通过租赁方式引进飞机的决策提供新的思路。

1　飞机融资租赁和经营租赁的定义与区别

　　根据业务性质,一般将飞机租赁方式分为经营租赁和融资租赁。经营租赁是指以提供飞机短期使用权为特征的租赁形式。出租人一般根据市场需要选择通用性较强的飞机,在一定的时期内供承租人选择租用,目标是回收投资成本和获得风险报酬。在合同期内,承租人向出租人支付租金并取得合同期内租赁物的使用权,出租人向承租人提供租赁资产和资产护养以及人员培训。

融资租赁是在租赁公司拥有飞机所有权的前提下将飞机使用权转让给承租人即航空公司,承租人负责飞机的维修、纳税和保险等。出租人将根据承租人所要求的规格、型号、性能等条件购入飞机租赁给承租人,合同期内设备所有权属于出租人,承租人只拥有使用权。合同期满付清租金后,承租人可以续租,也可以按市场价格或固定价格优先购买,以拥有设备的所有权。承租人实际上是以租金的形式采取分期付款的方式购买了飞机。承租人在租赁期内支付的租金加上飞机的期末残值足以使出租人收回飞机的投资并取得投资收益。

1.1 国内会计准则对融资租赁和经营租赁的区分

国内外会计准则针对租赁都制定有具体准则,要求将租赁区分为融资租赁与经营租赁。具体来看,我国企业会计准则明确规定,承租人(航空公司)和出租人(租赁公司)应当在租赁开始日将租赁区分为融资租赁和经营租赁。

同时,符合下列一项或数项标准的,应当认定为融资租赁。其他不符合以下任意一项标准的租赁业务,则直接归类为经营租赁。

(1)在租赁期届满时,租赁资产的所有权转移给承租人。

(2)承租人有购买租赁资产的选择权,所订立的购买价款预计将远低于行使选择权时租赁资产的公允价值,因而在租赁开始日就可以合理确定承租人将会行使这种选择权。

(3)即使资产的所有权不转移,但租赁期占租赁资产使用寿命的75%以上。

(4)承租人在租赁开始日的最低租赁付款额现值,达到租赁开始日租赁资产公允价值的90%以上;出租人在租赁开始日的额最低租赁收款额现值,几乎相当于租赁开始日租赁资产公允价值。

(5)租赁资产性质特殊,如果不做较大改造,只有承租人才能使用。

可以看出,两种租赁方式在会计处理上存在显著不同。经营租赁是表外融资。经营租赁在会计处理上不要求资本化。而另一方面,融资租赁是一种表内融资方式。

1.2 经营租赁与融资租赁的区别

经营租赁与融资租赁最实质的区别就在于是否转移了与飞机所有权有关的所有风险和报酬。除此之外,飞机经营租赁和融资租赁还在其他方面存在差异(见表3)。经营租赁租期结束后航空公司一般不可购买飞机,所以经营租赁飞机的选择主要由出租人决定。出租人承担残值风险。另一方面,融资租赁中,飞机的选择权由承租人(航空公司)决定。通常是航空公司直接从飞机制造商处选定所需飞机的型号和数量并签署相关购买合同。待选定租赁公司后将相关的购买合同转让给租赁公司,但保留对于飞机的缺陷和交付延迟等赔偿的权利。

表3　经营租赁与融资租赁的主要区别

项目	经营租赁	融资租赁
租赁实质	没有转移与飞机所有权有关的所有风险和报酬	转移了与飞机所有权有关的所有风险和报酬
租金性质	承租人获得飞机一定期间内的使用权	承租人达到融资的目的,最终获得飞机所有权
租赁程序	出租人根据市场需要自主引进飞机,随后再寻找承租人	出租人根据承租人的需求来选购飞机,或是承租人直接从飞机制造商选定
租赁期限	相对较短	相对较长,接近飞机有效使用期
飞机折旧	出租人	承租人
避税效果	对承租人不明显	对承租人明显(包括利息和折旧)

飞机折旧一项指的是在租赁业务中,飞机是由承租人还是出租人对资产负债表的资产类项目进行管理。在经营租赁中,飞机所有权在出租人,所以飞机资产的折旧反映在出租人的财务报表上,而承租人的租赁相关费用支出只计入当期损益。租金支出在租赁期内按照直线计入法计入相关资产成本或者当期损益。

在融资租赁中,飞机资产的折旧反映在承租人的财务报表上。飞机租赁支出计入承租人的相关成本,进入资产负债表。航空公司需要将引进的飞机作为固定资产,与自有固定资产使用一致的折旧政策进行管理,折旧部分为企业提供税收抵扣。如果能确定租赁期满时将取得飞机所有权的,租入固定资产在其预计使用寿命内计提折旧。反之,飞机在租赁期与该资产预计使用寿命两者中较短的期间内计提折旧。因而,在融资租赁中,租金费用中的利息支出部分和飞机折旧部分将成为税盾,对承租人产生明显的避税效果。

2　经营租赁与融资租赁对承租人财务报表的影响

2.1　会计分录

经营租赁与融资租赁的以上区别决定了两种租赁方式对承租人(航空公司)的财务报表和财务指标产生不同影响。从会计分录的处理开始,两种租赁方式就有所不同。

经营租赁在租赁开始日并不需要进行会计处理。在租赁期间内,租赁费用(等于租赁付款)在承租人的损益表中确认。经营租赁所租用的飞机和租赁合同中约定的租金支付都不需要在资产负债表中列报。在现金流量表中租赁付款作为经营活动流出进行列报。所以每期确认租金费用,只计入管理费用,不反映在资产负债表上,会计分录如下。

借:管理费用(或其他成本费用科目)

贷:银行存款

融资租赁,在租赁开始日,以未来最低租赁付款的现值及租赁物公允价值之间的低者,在承租人的资产负债表上同时确认为资产和负债。在租赁期间内,对融资租赁租入资产进行折旧的会计处理,折旧费用及利息费用在损益表中确认。融资租赁的会计分录比较复杂,第1年引进飞机时将确认资产和负债,如下。

借:固定资产

贷:长期应付款——应付融资租赁款

而后,在租赁合同期内,飞机设备的折旧采用年限平均法并按其入账价值减去预计净残值后在预计使用年限内计提。该资产的账面价值将随着每年折旧的计提而逐年下降。接下来以后,每期支付的租赁费是由本金和利息两部分组成,会计分录如下。

借:财务费用——利息支出

借:长期应付款——应付融资租赁利息

贷:银行存款

借:管理费用(或其他成本费用科目)

贷:累计折旧

2.2　对承租人财务报表和相关财务指标的影响

由于以上会计处理的不同,经营租赁和融资租赁对承租人的财务报表(资产负债表、现金流量表、利润表)和报表相关的财务指标都产生不同影响。所以如果航空公司通过经营租赁或者融资租赁引进一架飞机,航空公司财务报表的关键会计项目和部分财务指标会产生不同方向的变化(见表4、表5),其后是具体分析。

表4　租赁方式对财务报表关键会计项目的影响

财务报表	会计项目	经营租赁	融资租赁
资产负债表	总资产	不变	变高
	总负债	不变	变高
现金流量表	现金流出	经营活动现金支出增加	筹资活动现金支出增加
利润表	息税前利润(EBIT)	变低	变高

表 5　租赁方式对财务指标的影响

指标类型	指标名称	经营租赁	融资租赁
偿债能力	流动比率	不变	变低
	资产负债率	不变	变高
盈利能力	总资产报酬率	变高	变低
营运能力	总资产周转率	变高	变低

2.2.1　对资产负债表的影响

经营租赁不要求承租人在资产负债表中确认资产和负债。承租人只需要在财务报表附注中对经营租赁承担做出必要披露。通过经营租赁而来的飞机不需要计入航空公司的资产负债表中,因此经营租赁不改变航空公司公司资产结构,就可以取得飞机的使用权。

经营租赁具有的表外融资属性,使得经营租赁与融资租赁相比而言可以改善财务报表。由于通过经营租赁取得的飞机,租金并不需要在资产负债表上反映,这样资产负债比率没有发生变化,航空公司的负债并没有增加。所以通过经营租赁取得飞机的使用权不改变航空公司的信用额度和资产结构,流动比率和自由资金负载率也会提高,有利于改善公司的财务状况。

而融资租赁对航空公司的银行信用等级的影响较大。在资产负债表上,一项融资租赁的交易会同时增加资产和负债,带来公司资产结构变化。总资产周转率中作为分母的总资产会增加,因而总资产周转率指标下降。资产回报率也会下降(总资产是分母)。重要的是,与经营租赁相比,杠杆比率(负债权益比率、资产负债率)会上升。适度负债可以调整公司财务结构,通过发挥财务杠杆作用,快速扩大资产规模。但是杠杆比率越大,企业用来偿还负债的资产保障减少,债务人借出资金时的贷款风险上升。此外,融资租赁中未清偿的本金部分,即应付融资租赁款,应根据到期日是否在一年之内偿清而分别在资产负债表中确认为流动负债及长期负债。对于确认为流动负债的应付融资租赁款,也会使得承租人的流动比率下降和营运资金的减少。流动比率反映企业用可在短期内转变为现金的流动资产偿还到期流动负债的能力,比率下降意味着偿债能力的降低。

2.2.2　对现金流量表和利润表的影响

现金流量表中,在其他条件一样的情况下,总现金流出金额不会因为租赁方式的不同而不同。而是实际运营中的现金流出在现金流量表中的分类会因为经营租赁或者融资租赁而不同。如果是经营租赁,则租赁费用的付款是作为一项经营活动的现金流出,其降低了经营活动的净现金流量。如果是融资租赁,每期租赁费用分为两部分:本金偿还部分和利息支付部分,则作为筹资活动现金流出,降低了筹资活动产生的净现金流量。

利润表中,融资租赁和购买一样通过折旧和利息支出影响利润,而经营租赁只通过租金费用。假设其他情况都保持不变,相比于经营租赁,融资租赁的会计处理结果是息税前利润(EBIT)更高。主要原因在于,经营租赁将每期租金全额确认为当期营业活动的成本费用;融资租赁只将租赁资产的折旧费用作为营业成本或费用。融资租赁每期支付的名义租赁费则被区分为本金部分和利息部分,分别冲销应付融资租赁余额和确认为财务费用利息支出,但财务费用支出并不进入 EBIT 的计算过程。所以相对于经营租赁,由于在计算息税前利润时没有减去利息支出,融资租赁的 EBIT 指标更高。另一方面,经营租赁则可以调整公司利润率水平。由于是表外融资,租赁的飞机不作为航空公司的资产,因此,在同样的营业利润下,经营租赁的资产利润率会提高。

3 总结

从会计的角度,企业的财务状况通常与其债务总量呈负相关。由于经营租赁的表外融资特点,对于采用经营租赁引进飞机的航空公司来说,其资产负债表所反映的财务状况看起来要优于采用融资租赁引进同等数量飞机的公司。正因为在会计处理上的根本不同,一些航空公司是主动采用经营租赁方式以避免确认负债,来维持或改善自己的财务指标。

近些年来,在目前财务成本、资产负债率都较高的情况下,我国航空公司对经营租赁引进飞机的方式给予了有侧重性的发展,以经营租赁方式引进的飞机数量不断增长。这有利于改善国内航空公司财务结构,降低资产负债率,从而在一定程度上提高了再融资能力。同时也要看到,经营租赁会使航空公司面临租赁费率波动、税务优惠低于直接采购或融资租赁,为支付租金和储蓄金而承受现金流压力等缺点。

综上所述,经营租赁飞机和融资租赁飞机各有自身优势和缺点,对航空公司的财务报表、财务指标产生不同的影响。如果航空公司看重的是降低经营风险,降低资产负债率,可以通过经营租赁进行调整。如果经营租赁飞机的这种优势对航空公司而言并不显著,也就没有必要过多地承担经营租赁飞机额外增加成本。因此,每个航空企业应视自身的具体条件和外部环境,考虑经营租赁和融资租赁飞机对自身财务状况的影响,以决定通过租赁引进飞机的规模、租期长短和租入的时机。

参 考 文 献

[1] 李光荣,王力.中国融资租赁业发展报告(2014—2015)[M].北京:社会科学文献出版社,2015:230-231.

［2］中华人民共和国财政部. 企业会计准则第 21 号——租赁［S］. 2006.

［3］谭向东. 飞机租赁实务［M］.（修订版）北京：中信出版社，2012.

［4］荆新，王化成，刘俊彦. 财务管理学［M］. 第 7 版. 北京：中国人民大学出版社，2015.

［5］许世德. 国内飞机租赁业的现状及发展前景［R］. 深圳金融租赁有限公司，2007.

民用飞机测试性设计经济性分析

马安祥　马麟龙　李海伟

（中国商飞上海飞机设计研究院，上海　201210）

摘要：民用飞机的安全性和经济性越来越受到重视，为了提高民用飞机的安全性，在飞机设计中引入以测试性设计为基础的状态监测、故障诊断及健康管理技术尤为重要，为了对测试性设计的经济影响开展分析，将民用飞机全寿命周期分为设计、制造、试验、运行与支持 4 个阶段，按照增加的利润、降低的成本和增加的成本 3 个类别，详细分析每个阶段的经济参数，并以此为基础构建出测试性设计的经济性评估模型，为民用飞机全寿命周期的总体经济性分析提供相关参考。

关键词：测试性；民用飞机；经济性；状态监测；故障诊断

Economic Analysis of Civil Aircraft Testability Design

Ma Anxiang　Ma Linglong　Li Haiwei

（China COMAC Shanghai Aircraft Design and Research Institute，Shanghai 201210）

Abstract：More and more attention is paid to the safety and economy of civil aircraft. To improve the safety of civil aircraft，it is very important to import condition monitoring，fault diagnosis and health management based on testability design to aircraft design. For analysing the economy of the testability design，the life cycle of civil aircraft is divided into four phases，design，manufacture，test，operation and support. The economic parameters of every phase are detailed analysed in accordance with three categories，such as increased profits，reduced cost and increased cost. And based on it，the economic evaluation model of testability design is structured，providing relevant reference for the overall economic analysis of civil aircraft life cycle.

Key Words：testability；civil aircraft；economy；condition monitoring；fault diagnosis

0　引言

安全性、经济性、舒适性、环保性越来越受到民用飞机研究领域的重视，尤其是安全性和经济性；作为一个进入市场运营的产品，商用飞机的发展已经从以技术为主要导向，转向以市场经济性为主要导向[1]。因此，在确保满足社会对其的安全需求的基础上，只有将经济效益最大化，使民用飞机的运营单位最大限度地获取利润，才能保证民用飞机在市场上长久地生存下去。现代大型民用客机系统的综合性、复杂性日趋提高，故障模式的种类越来越多，功能失效的概率也随之扩大，为了提高民用飞机的安全性和经济性，在飞机设计中引入基于测试性的状态监测、故障诊断及健康管理技术尤为重要。国内关于民用飞机运行监控和健康管理的研究已经起步[2]，但却几乎没有针对测试性设计经济效益评估的研究。

民用飞机进行测试性设计对飞机的使用会产生积极的影响，从国外的设计经验教训可以总结出，测试性设计功能既不能过于复杂，又不能过于简单，需要充分权衡分析测试性设计的功能复杂程度和潜在效益，确保设计能够取得最佳的经济效益。

本文针对民用飞机测试性设计相关的经济影响开展分析，构建出相应的经济性评估模型，为民用飞机全寿命周期总体经济分析提供参考。

1　测试性设计简介

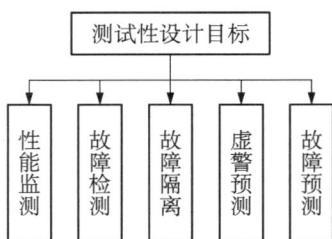

图 1　测试性设计目标

测试性是指产品能及时准确地确定其状态（可工作、不可工作或性能下降）并隔离其内部故障的一种设计特性[3]。测试性是一种设计特性，是需要在产品的设计中予以考虑并实现的特性。测试性设计需要达到的目标是实现如下功能：性能监测、故障检测、故障隔离、虚警抑制和故障预测[4]，如图 1 所示。

民用飞机的测试性设计就是为了实现上述目标而开展的设计工作。国外许多航空企业都引入了以测试性为核心的综合诊断和健康监测与管理系统；波音公司研发了飞机健康管理系统（airplane health management，AHM）；空中客车公司也开发了类似的健康监测与管理系统（Aircraft Maintenance Analysis，AIRMAN）[5]；民用飞机的零部件供应商 Honeywell 公司也开发了 HUMS 系统，用来完成产品的健康监测与管理。据波音的初步估计，通过使用 AHM 可使航空公司节省约 25% 因航班延误及取消而导致的费用[6]。国内的相关研究单位也在飞机故障诊断、健康管理及预测系统开展了广泛的预先研究项目，比如中国商飞提出了 C919 大型客机运行监控与健康管理系统设计。

衡量测试性设计的重要参数及应该达到的指标主要如表 1 所示。

表 1　测试性指标

测试性参数	指标保证值	测试性参数	指标保证值
故障覆盖率	≥98%	故障隔离率（≤3 个 LRU）	100%
故障检测率	≥95%	虚警率	≤2%
故障隔离率（到一个 LRU）	≥95%		

2 初步经济性分析

民用飞机测试性设计的复杂程度与回报收益并不是简单的正比关系。一般情况下,测试性系统功能设计的越复杂,需要的投资成本就越大,测试性效果就越好;但是并不是功能越复杂经济性就越好。相反,过于复杂的系统起不到节省费用的目的。因此,在进行测试性设计之前要权衡系统的复杂程度与经济性的关系。

在进行民用飞机测试性设计之前,首先利用民用飞机的故障模式历史数据和经验积累,定义民用飞机的监测要求、监测方法;并估计每种故障模式的监测成本,并估计减少的维修人力、预防的二次损伤、减少的备件数等带来的成本节省;然后,定义并设计测试性系统,分析开发、试验、运行、维护、数据传输、虚警等产生的全寿命周期费用;最终确定经济性合理的测试性系统设计。

民用飞机的测试性设计,只有在开始使用时才开始为飞机带来效益,典型的测试性设计经济性分析结果如图 2 所示。

从图中可以看出,经济性分析主要是评估 3 个模块:测试性设计投入的成本、测试性设计在测试和运营过程中节省的费用以及因测试性设计飞机性能提高所带来的利润。

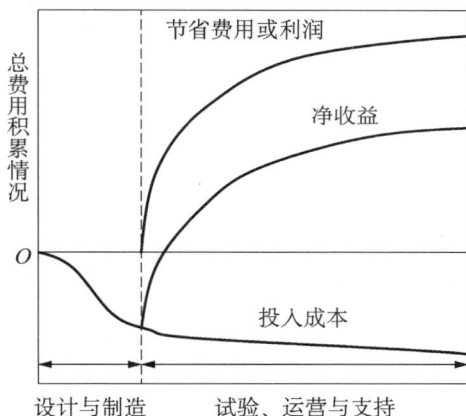

图 2　测试性设计经济性分析结果

3 经济性分析模型

在进行测试性设计经济性分析之前,首先要明确与测试性相关联的参数,以此为基础构建测试性设计的经济性分析模型。能否准确定义及划分飞机各个过程中由测试性设计带来的各种经济参数,将决定着后续经济性分析的精确程度。

分析测试性设计经济性最核心的公式如下:

$$C_{收益} = C_{增加的利润} + (C_{减少的成本} - C_{增加的成本})$$

将飞机的全寿命周期分为 4 个阶段:设计、制造、试验、运行和支持。按照上面的公式,分析飞机的不同阶段内各类型的成本或利润,得出在整个周期内不同阶段的参数如表 2~表 5 所示。

表 2　设计阶段经济性分析参数

设计阶段	增加的成本 C_D	增加的设计人力成本 C_{d1}
		增加的设计时间成本 C_{d2}
		增加的其他设计成本 C_{d3}

表 3　制造阶段经济性分析参数

制造阶段	增加的成本 C_M	增加的制造人力成本 C_{m1}
		增加的制造时间成本 C_{m2}
		增加的软件成本 C_{m3}
		增加的硬件成本 C_{m4}
		增加的其他制造成本 C_{m5}

表 4　试验阶段经济性分析参数

试验阶段	增加的成本 C_{T1}	测试性系统试验增加的人力成本 C_{t1}
		测试性系统试验增加的时间成本 C_{t2}
		测试性系统试验增加的其他成本 C_{t3}
	减少的成本 C_{T2}	利用测试性系统减少的试验人力成本 C_{t4}
		利用测试性系统减少的试验时间成本 C_{t5}
		利用测试性系统减少的试验其他成本 C_{t6}

表 5　运行和支持阶段经济性分析参数

运行和支持阶段	增加的利润 C_{S1}	增加的飞机销售利润 C_{s1}
		飞机利用率提高增加的收益 C_{s2}
		飞机运营服务提高所增加的销售利润 C_{s3}
	减少的成本 C_{S2}	减少的排故和维修时间成本 C_{s4}
		减少的排故和维修人力成本 C_{s5}
		减少的不必要更换件成本 C_{s6}
		减少的备件成本 C_{s7}
		减少的二次损伤成本 C_{s8}
		减少的航班延误成本 C_{s9}
	增加的成本 C_{S3}	增加的测试性工程师人力成本 C_{s10}
		增加的系统运行成本 C_{s11}
		增加的系统维护成本 C_{s12}
		虚警增加的维修成本 C_{s13}
		故障漏检带来的其他成本 C_{s14}
		测试性设计增加的故障维修成本 C_{s15}

由上述的经济性分析参数，可以总结出经济分析的总模型为：

$$C_{收益} = C_{增加的利润} + (C_{减少的成本} - C_{增加的成本})$$

$$= \alpha_{S1}C_{S1} + (\alpha_{T2}C_{T2} + \alpha_{S2}C_{S2}) - (\alpha_D C_D + \alpha_M C_M + \alpha_{T1}C_{T1} + \alpha_{S3}C_{S3})$$

$$= \alpha_{S1}(C_{s1} + C_{s2} + C_{s3}) + \alpha_{T2}(C_{t4} + C_{t5} + C_{t6}) + \alpha_{S2}(C_{s4} + C_{s5} + C_{s6} + C_{s7} +$$

$$C_{s8} + C_{s9}) - \alpha_D(C_{d1} + C_{d2} + C_{d3}) - \alpha_M(C_{m1} + C_{m2} + C_{m3} + C_{m4} + C_{m5}) -$$

$$\alpha_{T1}(C_{t1} + C_{t2} + C_{t3}) - \alpha_{S3}(C_{s10} + C_{s11} + C_{s12} + C_{s13} + C_{s14} + C_{s15})$$

式中：α_{S1}、α_{T2}、α_{S2}、α_D、α_M、α_{T1}、α_{S3} 分别为对应阶段的经济参数的影响系数。对于某一阶段的经济参数，如果能够精确统计，则该参数的影响系数可以定为 1；若该经济参数无法实现完全统计，或由估算得出，则应由有经验的专家共同确定该经济参数的影响系数。

从该公式中可以分析得出，为了提高测试性设计的经济效益，应该在保证达到最初测试性各项目标的同时，尽量降低设计、制造和测试的成本。

4 经济性分析案例

因为目前尚没有民用飞机测试性设计的统计数据，所以本文尚无法给出某具体民用机型测试性设计的经济性分析案例。本节仅以美国曾开展的一项为期 6 个月的调查为例，说明在飞机上装载针对发动机的测试性系统（TEMS）给飞机带来的效益。该过程主要统计的是运行和支持阶段，调查结果如表 6 所示[7]。

表 6　TEMS 系统经济性调查结果

费用名称	费用/ $
TEMS 设备维护人时费用	207 131.81
采集处理 TEMS 数据费用	1 166 971.81
因 TEMS 的试车增加费用	178 841.19
总费用	1 552 944.81
取消发动机温度时间记录器节省费用	470 933.64
节省发动机温度时间记录器修理费用	90 415.20
节省发动机温度时间记录器数据采集	1 314 822.30
节省水洗费用	199 987.73
节省配平试车费用	334 653.60
减少发动机换发率节省费用	4 573 987.50
总节省费用	69 847 910.97
净节省费用	5 431 846.17

从表中的调查结果可以看出，该发动机在引入测试性系统后在运行和维护阶段节省了相当一部分费用，带来了比较好的经济效果。

5 结论

本文对民用飞机的测试性设计做了简单的介绍,然后对测试性设计做了初步的经济性分析,讨论了测试性设计一般的经济性特点,以及与系统复杂程度的关系;在此基础上,结合民用飞机全寿命周期的不同阶段特点,分析各个经济性参数,建立了测试性设计经济性分析模型;最后结合美国曾开展的一项针对发动机测试性设计的经济性调查,说明了测试性设计的可营利性。此外,需要说明的是,目前尚没有民机全寿命周期测试性设计相关的统计数据,所以本文仅提出了经济性分析的初步模型,在后面的阶段,还需要进一步细化,并收集相关的统计数据,完成对模型的验证和优化工作。

参 考 文 献

[1] 郭博智,任启鸿. 商用飞机项目中的技术经济方法[J]. 民用飞机设计与研究,2014,115(4),1-6.
[2] 杨洲,景博,张劼,等. 飞机故障预测与健康管理应用模式研究[J]. 计算机测量与控制,2011,19(9),2061-2063.
[3] GJB 2547—1995. 装备测试性大纲[S]. 1995.
[4] 石君友. 测试性设计分析与验证[M]. 北京:国防工业出版社,2011.
[5] 马小骏,左洪福,刘昕. 大型客机运行监控与健康管理系统设计[J]. 交通运输工程学报,2011,11(6),119-126.
[6] 莫固良,汪慧云,李兴旺. 飞机健康监测与预测系统的发展及展望[J]. 振动、测试与诊断,2013,33(6),925-930.
[7] SAE E32. AIR4176-2005 Cost Versus Benefits of Engine Monitoring Systems [S]. Warrendale, PA, SAE International, 2005.

基于成本指标的民机测试性定量分析方法研究

马麟龙

（中国商飞上海飞机设计研究院，上海　201210）

摘要：现代民机系统测试性方案的选择和优化过程中对费用因素非常敏感。测试性设计中必须采用寿命周期成本的技术方案，才能够提高飞机市场竞争力。本文基于这一考虑，剖析了民机研制中基于成本指标的民机测试性定量分析工作的内容，深入研究了基于成本约束的测试性指标分配方法。并在此基础上探讨了 BIT 与 ATE、BIT 与人工故障定位这两种典型情况下的费用权衡方法，以及全寿命周期测试性费用权衡分析的方法。

关键词：测试性；成本；定量分析；权衡；指标分配

Research of the Civil Aircraft Testability Quantitative Analysis Based on Cost Index

Ma Linglong

（China COMAC Shanghai Aircraft Design and Research Institude，Shanghai 201210）

Abstract：Cost factor plays important role during the testability scheme decision and optimization. The lower life-circle cost technical architecture must be chosen to improve the market competitive power of commercial aircraft. Based on this purport，this issue dissected the content of civil aircraft testability quantitative analysis on cost index，researched the testability index allocation methods based on cost constrains. After that，two typical methods to the trade-off of BIT/ATE，BIT /manual fault isolation were researched，and the life circle testability cost trade-off method were discussed.

Key Words：testability；cost；quantitative analysis；trade-off；index allocation

测试性作为民机产品的一种设计特性，具有与可靠性、维修性同等重要的位置。良好的测试性设计可以提高飞机任务可靠度、减少维修资源消耗、降低运营成本，进而提高飞机产品的市场竞争力。现代商用飞机的测试性技术水平已经历了由外部测试到机内测试，由测试性/BIT 到智能 BIT、综合诊断再到预测与健康管理（PHM）的巨大技术跨越。目前，以测试性为核心的综合诊断与 PHM 技术已经成为商用飞机测试性设计的主流[1]。

　　在民机产品研制过程中,测试性和健康管理的设计需要在深度优化系统设备功能架构的基础上,将先进的信号采集、驱动与传感元件集成在飞机结构与系统中构成监测系统,对被监测结构与系统的状态进行实时监测,并根据获取的信号进行状态评估和故障诊断,从而分析相关结构与系统完好状态或进行故障预警。因此,测试性和健康管理设计势必带来飞机基础成本的增加。在某种极端的情况下,甚至会出现测试监控系统的成本高于监控对象的情况[2]。因此,在飞机研制过程中,必须从全寿命周期的高度上去深入考虑测试性和健康管理的经济成本问题。

1　基于成本指标的民机测试性定量分析工作概述

　　在民机研制过程中,测试性分析(testability analysis)是运用预计、核查、验证和评估等技术,来确定最佳的测试性方案,并评价测试性要求实现程度的工作。其中,测试性定量分析(testability quantitative analysis)是最重要的一部分内容,它通过一系列的工程分析和计算,为权衡不同的系统测试性设计方案提供定量的依据。

　　根据工作开展时机的不同,现代民机的测试性定量分析工作内容可以分为两部分:一部分是飞机概念设计和初步设计阶段的测试性方案权衡分析,目的是通过测试性相关内容的分析来对系统设备的设计方案进行权衡优化;另一部分是飞机详细设计阶段的测试性定量指标分析(即测试性预计),目的是确认系统设备的设计是否满足了初始的测试性设计指标要求,从而启动必要的设计改进措施[3]。图1给出了这两部分分析工作的内容。

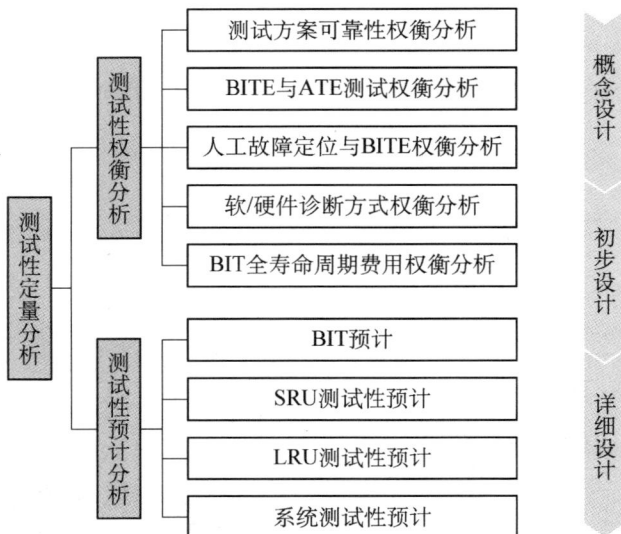

图1　民机测试性定量分析的工作内容

在这些定量分析中,成本指标是重点关注的内容之一。从全寿命周期成本的角度上对比不同测试性方案,是优化系统设计的重要手段。

2 基于成本目标的测试性指标分配

鉴于成本指标在测试性设计中的重要性,本文给出一种基于成本目标的测试性分配方法,以期在指标分配时就充分考虑到费用和成本因素,在给定的系统费用及"费用函数"的情况下,获得最高的系统测试性指标;或者等效地在系统分配到的测试性指标满足设计要求的前提下,使全部费用最小[4]。

令 x_{ki} 为分配到系统的某个单元的测试性指标值(TFOM)。其中,下标 k 代表约定层次(如 $k=0$ 为飞机级指标,$k=1$ 为系统级指标;$k=2$ 为子系统/设备级指标;$k=3$ 为 LRU/元器件级指标)、i 代表在某个具体层次上的不同单元(如 LRU_1、LBU_2、LBU_i 等)。

令 f_{ki} 为待优化的目标函数(费用及"费用函数"),它服从于一组关于测试性指标值(TFOM)的约束函数 g_{ki}^r(代表约束数)。则优化问题的数学表达式为

$$\min \sum_{k=1}^{q} \sum_{i=1}^{n_k} f_{ki}(x_{ki})$$

约束为

$$\sum_{k=1}^{q} \sum_{i=1}^{n_k} g_{ki}^r(x_{ki}^r) \leqslant C_r$$

式中:$r=1, 2, \cdots, m$;($0 \leqslant x_{ki} \leqslant 1$);$f_{ki}$ 和 g_{ki}^r——可加的及可分的目标和约束函数;x_{ki}——受约束的待分配测试性指标;q——约定层次数;m——最大约束数;n_k——每个层次的单元数(分系统,设备,LRU 等);C_r——与测试性有关的第 r 个费用/成本的最大允许值。

可以用扩展的拉格朗日乘子法来对上面的问题进行求解。采用拉格朗日乘子和罚数项,将不等式约束纳入拉格朗日函数中,形成不带约束条件的目标函数,然后求取其最小值。

3 BITE 与 ATE 测试的成本权衡分析

BITE 与 ATE 测试权衡分析主要是考虑设计方案是否将测试设备集成到整个系统中。集成到系统中的 BITE 可以在任何需要的情况下对系统状态进行测试,但同时也增加了系统的重量、复杂性和功率消耗,而且 BITE 本身的故障也会对系统的维修工作带来额外的负担;ATE 则作为飞机的外部支援设备而存在,运用 ATE 的检测必须在一定的保障条件下才可以实施。在 BITE 与 ATE 测试的成本权衡分

析中,采用如下的定量计算。

定义系统总费用为 C, K_{BH} 为 BITE 硬件费用与系统总费用之比, K_{BS} 为诊断软件费用与系统总费用之比(若 BITE 为硬件诊断方式,则 K_{BS} 为 0), K_{ATE} 为单个外部测试设备费用与系统总费用之比, K_{AS} 为外部诊断软件与系统总费用之比, E 为系统数量, V 为 ATE 的部署数量,则采用 BITE 的总费用为

$$C_{BIT} = K_{BH}CE + K_{BS}C$$

采用 ATE 的总费用为

$$C_{ATE} = K_{ATE}CV + K_{AS}C$$

则当等式

$$K_{AS}CE + K_{BS}C = K_{ATE}CV + K_{AS}C$$

成立时,两费用相等,简化可得

$$E/V = K_{ATE}/K_{BH} + (K_{AS} - K_{BS})/(K_{BH}V)$$

这样,在 K_{ATE}、K_{BH}、K_{AS}、K_{BS} 这 4 个参数确定后,即可得到 BITE 与 ATE 测试两种方案的等费用曲线如图 2 所示。

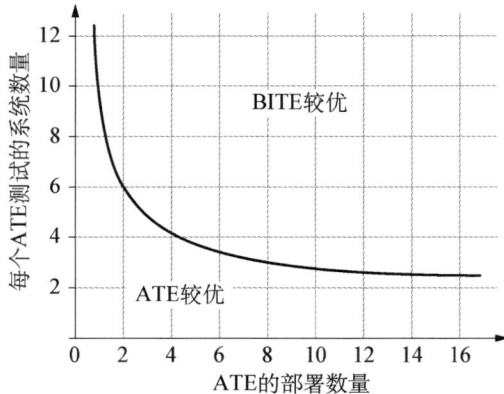

图 2　BITE 与 ATE 测试权衡的等费用曲线

4　BITE 与人工故障定位的成本权衡分析

BITE 与人工故障定位的权衡主要是在系统或设备的设计方案中考虑是否采用机内自检测设计。采用 BIT 设计可以简便而直观地判断系统的状态,但同时也增加

了系统的重量、复杂性和功率消耗，而且 BITE 本身的故障也会对系统的维修工作带来额外的负担；而采用人工故障定位则完全依赖于维修人员的经验和个人能力，必须通过一列复杂的检查和排故工作来确定故障发生的位置和机理[5]。与上面的权衡过程相似，在 BITE 与人工故障定位的成本权衡分析中，采用如下的定量计算：

定义 L 为型号的设计运营寿命，c 为单位工时费，E 为系统数量，λ 为系统故障率，ΔT 为人工故障定位与 BIT 故障定位的时间差，则采用人工故障定位的总费用为

$$C_M = c\lambda EL\Delta T$$

这样，当等式

$$C_M = C_{BIT}$$

成立时，两费用相等，简化可得

$$E = \frac{K_{BS}C}{K_{BH} - \lambda L \Delta T}$$

这样，即可得到 BITE 与人工故障定位的等费用曲线，如图 3 所示。

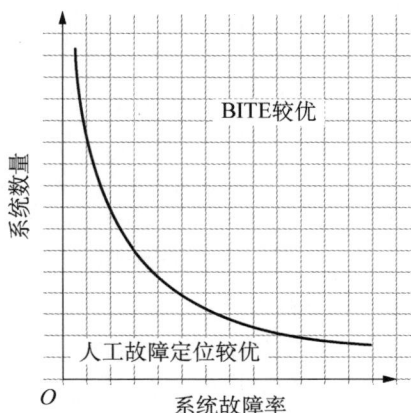

图 3　BITE 与人工故障定位权衡的等费用曲线

5　软/硬件诊断方式权衡分析

根据上面 2.1.1 中的相关计算，若采用硬件诊断 BITE 的费用为

$$C_{BIT1} = K_{BH1}CE$$

采用硬件诊断 BITE 的费用为

$$C_{BIT2} = K_{BH2}CE + K_{BS}C$$

则当

$$K_{BH1}CE > K_{BH2}CE + K_{BS}C$$

时，即安装的系统数量为

$$E < K_{BS}/(K_{BH1} - K_{BH2})$$

时，采用硬件诊断方式的 BITE 较优，反之当安装的系统数量为

$$E > K_{BS}/(K_{BH1} - K_{BH2})$$

时，采用软件诊断方式的 BITE 较优[6]。

6 测试性全寿命周期费用权衡分析

采用寿命周期费用(lifecycle cost，LCC)模型来进行测试性方案全寿命周期费用的权衡，该模型由 5 个部分组成，分别是：①增加的研发费用；②增加的采购费用；③增加的销售利润；④增加的使用维护费用(一般为负值)；⑤增加的飞行费用。

其中，增加的研发费用包括：增加的研发人力成本、增加的研发时间成本、增加的研发管理成本和增加的其他研发成本。

增加的采购费用包括：增加的软件成本、增加的硬件成本、增加的采购管理成本、增加的采购时间成本、增加的其他采购成本。

增加的销售利润包括：增加的飞机销售利润、飞机利用率提高增加的收益、飞机运营服务提高所增加的销售利润和增加的其他收益。

增加的使用维护费用(一般为负值)包括：节省的排故和维修时间成本、节省的排故和维修人力成本、节省的不必要更换件成本、节省的备件成本、节省的二次损伤成本、节省的航班延误成本、节省的培训和训练成本、增加的测试性工程师人力成本、增加的系统运行成本、增加的系统维护成本、虚警增加的维修成本、故障漏检带来的其他成本、测试性和健康管理设计增加的故障维修成本等。

增加的飞行费用包括将 BIT 或传感器增加到飞机上后，附加的重量、功耗等将对飞机性能影响而造成(或折算成)的费用损失。

根据 LCC 模型，如果上面这 5 部分费用的总和大于 0，则认为 BIT 的设计是不经济的，应该取消；而若总费用为负值，则认为采用 BIT 设计的方案较优。

7 结论

现代民机系统测试性方案的选择和优化过程中对成本指标非常敏感。测试性设计中必须深入考虑采用寿命周期成本的技术方案，才能够提高飞机市场竞争力。本文正是基于这一考虑，剖析了民机研制中基于成本指标的民机测试性定量分析工作的内容，深入研究了基于成本约束的测试性指标分配方法，并在此基础上探讨了 BIT 与 ATE、BIT 与人工故障定位这两种典型情况下的费用权衡方法，以及全寿命周期测试性费用权衡分析的方法。本文所研究的方法，在某些飞机系统的测试性设计中已经有应用的实例，取得了一定的实际效果，这对于国产民机的测试性设计工作具有很强的借鉴意义。

参 考 文 献

[1] 石君友. 测试性设计分析与验证[M]. 北京：北京航空航天大学出版社，2011.

[2] Byron J，Deight L，Stratton G. RADC testability Hand-book [D]. ADA 118881，1982.

［3］ 刘海明.飞船推进舱配电系统测试性分析与评估研究［D］.长沙：国防科技大学，2006.

［4］ 连光耀.基于信息模型的装备测试性设计与分析方法研究［D］.石家庄：军械工程学院，2007.

［5］ 曾天翔.电子设备测试性及诊断技术［M］.北京：航空工业出版社，1996.

［6］ 石君友，康锐.基于通用充分性准则的测试性试验方案研究［J］.航空学报，2005，26(6)：691 - 695.

国内市场货机宏观机队规划方法及经济性研究

舒姚涵

(中国商飞上海飞机设计研究院,上海　201210)

摘要:当前,行业内对货运市场的规划相比客运略显不足,对整个国内市场的机队规划较为欠缺,本文结合市场现状,以宏观机队规划的方法论为出发点,构建货机宏观机队规划模型,并对未来 10 年国内货机机队进行宏观预测,并分析货机宏观机队规划对运营经济性的影响。

关键词:货运市场;货机需求;机队规划

Macroscopic fleet planning method and economic research of freighter market in domestic

Shu Yaohan

(China COMAC Shanghai Aircraft Design and Research Institute,Shanghai 201210)

Abstract:Compare to the passenger aircraft planning, the freight market and freighter planning is slightly insufficient in China at present. This paper presents freights macro fleet planning mode and make a macro forecast of domestic cargo fleet over the next decade by using present market situation and macro fleet planning theory as a starting point, and the influence to operating efficiency.

Key Words:freight market; freight aircraft demand; fleet planning

0　引言

近几年,中国经济保持较快的发展势头,进出口贸易在 2008 年金融危机后开始恢复到正常的发展轨迹,对国际航空运输业的发展起到重要推动作用。国内电商、快递业快速发展,极大地促进了国内航空运输市场升级,促使国内航空货运发生质的提升。尽管近几年航空货运业发展较为缓慢,但出现了多种新的气象,如东航物流的空地一体化整合、顺丰等快递企业进入航空运输市场等,上下游产业整合的趋势明显。在这种市场情况下,有必要对国内货运市场进行整体分析,以把握其趋势,统筹规划和布局,通过对整个市场的机队进行宏观规划,为国家政府及相关航空公司的未来发展规划提供支持,同时将对行业内货机的运营经济性产生较积极的影响。

1 国内货机机队分析

《从统计看民航》数据显示,从 2004—2013 年,国内货机规模总体呈上升趋势,每年均有近十架飞机的增幅(见图 1)。2012 年机队规模高达 100 架,2013 年略有下降,下降的主要原因为国航 B747 - 400F、东航 MD - 11F 等老旧飞机退役,以及翡翠货运航空的破产导致国内货运航空整体运力的缩减。

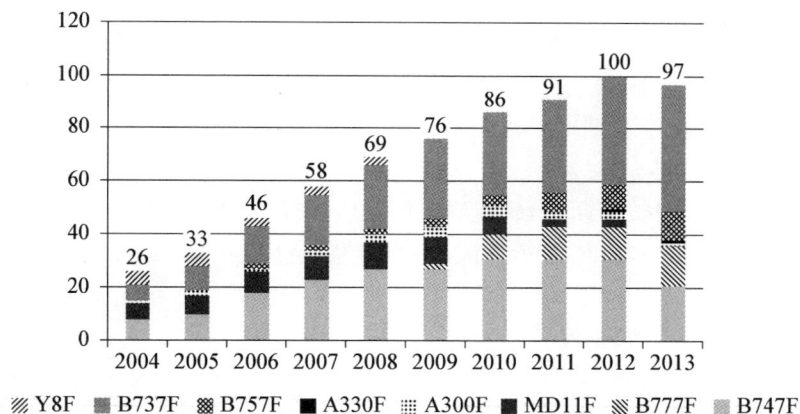

图 1　2004—2013 年国内货机机队规模及其构成

2008 年以来,货运市场增速相对缓慢,而客机的快速增加导致的腹舱能力的增长也抑制了部分货机需求,使得国内航空公司的货机订单较少。截至 2013 年底,国内航空公司货机订单 23 架,均来自国航、东航和南航,其中确认订单 11 架,均为 B777 - 200LRF 机型。

2 机队规划方法论

2.1 宏观机队规划概述

机队规划从本质上来说可以分为自上而下的宏观机队规划和自下而上的微观机队规划。本文是从机队规模角度对未来 10 年中国市场的货机进行分析预测研究,主要解决长期规划问题,故采用宏观机队规划方法进行分析。

宏观机队规划是从机队规模预测的角度进行分析研究,主要解决长期规划问题,按"自上而下"(即从宏观到微观)的顺序进行分析预测。

影响货机机队规模分析决策的主要因素有:①现有运输需求与运力;②预期的

需求增长和市场份额的增长;③现有货机的更新;④客机机队规模及腹舱运输能力;⑤提高运营效率和合理调配飞机的需要等。

2.2 货机机队规划方法

1) 确定规划期期望载运率

分析现有机队总运力和完成的总运输量,计算现有载运率。

$$平均载运率 = 总运输量 / 总运力$$

分析载运率是否合理,结合发展战略,对现有载运率进行必要的调整,确定规划年机队的载运率。

2) 确定规划期飞机利用率

对当前运营现状进行经济性分析,评估现有机队结构与现有航线结构是否匹配,评价当前飞机日利用率是否合理。根据发展战略对各机型的飞机利用率进行调整,确定规划期各机型飞机利用率。

3) 确定规划期各机队运力

根据市场需求增长的预测,确定规划期限内运输总需求,再结合市场发展战略,根据规划期航线调整和市场份额目标,适当调整机队结构,确定各类机型分担运力比例和运力。

4) 确定各机型飞机架数

根据各类机型分担的运力、期望载运率、平均商载、利用率和航速,由机队规划基本方程式计算各机型的飞机架数。

根据货机机队规划方法,建立货机机队规划基本模型。

3 国内市场货机宏观机队规划

3.1 机型分类

2013 年,国内全行业有 8 种货机机型,考虑到旧飞机的退役,以及新机型进入市场,货机类型仍会发生变化。

2004—2013 年期间,Y8F、MD11F 等机型已经逐步退出国内航空货运市场,A330 - 200F 在引进 2 年后,由于适应能力不足也已暂时退出国内市场,而 A300F 也仅剩 1 架机。对于 B747 - 8F 等新型货机,也不排除未来有引进的可能性。

从历年的变化趋势来看,调整最多的是中等商载的货机。小型、大型货机对相应市场的适应性较强,而中等商载的货机暂时还未能找到其合适的市场。

根据行业内普遍认同的方式将货机按机型大小及商载分为 3 类,即小型货机、中型货机及大型货机,并按机型商载及机队的比例估算各型货机的平均商载,具体的机型归纳及平均商载详见表 1。小型货机包括 B737F、B757F 等,均为窄体机,商载在 30 t 以下；中型货机包括 A300F、A330F、B767F 等，商载集中在 45～70 t 之间；大型货机包括 B747F、B777F、MD11F 等，商载集中在 80～120 t 之间。

表 1　各类货机分类及平均商载估算

类型	机　　型	平均商载/t
小型货机	B737F、B757F	18
中型货机	A300F、A330F、B767F	60
大型货机	B747 - 400F、B747 - 200F、B777F、MD - 11F	115

3.2　运输需求

　　根据模型，运输需求等于期望的某机型的可用运力，即可用货运吨公里的数量。可用货运吨公里的数据及增长率由国内货机历年的周转量来进行测算，从图 2 可以看出，2005—2013 年，全货机的货邮周转量变化幅度较大，在 2010 年达到顶峰后，由于受航空公司缩减货机规模，以及客机腹舱货运能力的提升的影响，2011—2012 年全货机的货邮周转量出现下降。但从总体上看，2005—2013 年的平均增长率接近15％。随着国际货运市场的回暖，远程宽体货机的利用率将得以提升，届时周转量将会有较大幅度的提升。

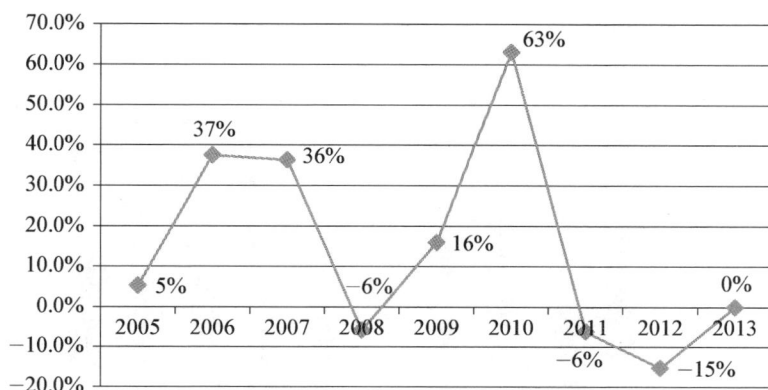

图 2　2005—2013 年全货机货邮周转量增长趋势

　　根据本文的货机分类方式，大型客机货邮周转量占了超过 92％的比例，尽管呈下降趋势，但下降趋势较缓；小型货机货邮周转量占比的增长趋势明显，尽管总量不是很大，但近十年的占比已经翻了一番以上；而中型货机由于机队规模小，其周转量所占的比例微乎其微（见图 3）。

　　另外，大型货机周转量的下降与近些年国际货运市场的相对低迷有关，如果经济回暖，进出口贸易提升，则该部分的比例将会得以提升。

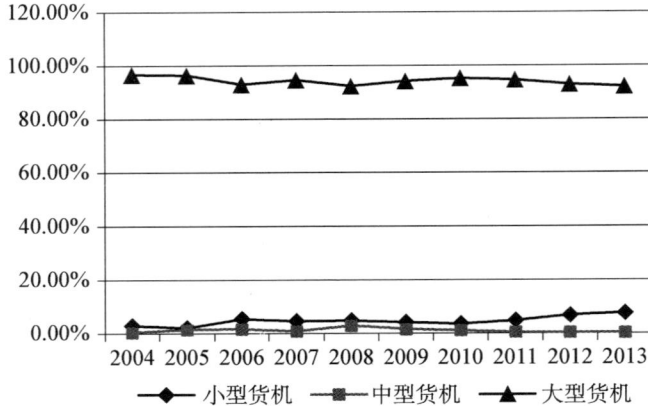

图3　2004—2013年中国各类货机周转量比例趋势

3.3　平均日利用率

根据《从统计看民航》的数据，大型货机的日利用率较高，除2012年外，其余年份均在10 h以上；中小型货机的日利用率在5 h左右（见图4）。

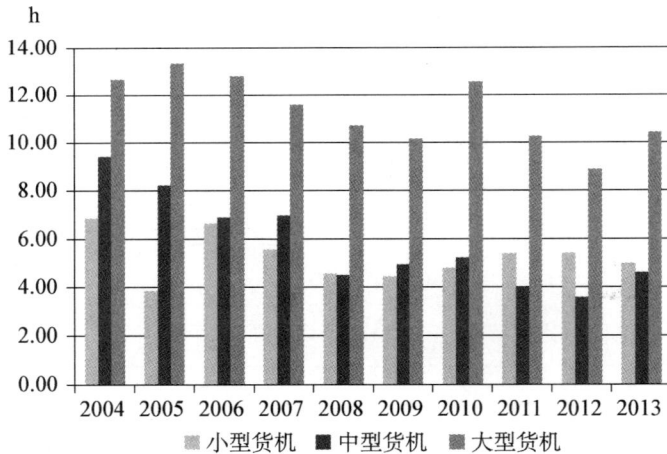

图4　2004—2013年各类货机日利用率分布

3.4　平均航程及平均航段时间

根据OAG计划航班数据，对2004—2013年的货运航线距离进行频率加权平均，可以发现，大型货机的平均航段距离在4 000~5 000 km之间，且有逐年上升的趋势；中型货机的平均航段距离增长明显，到2013年达到了2 000 km；小型货机的平均航段距离比较稳定，基本保持在1 200 km左右（见图5）。

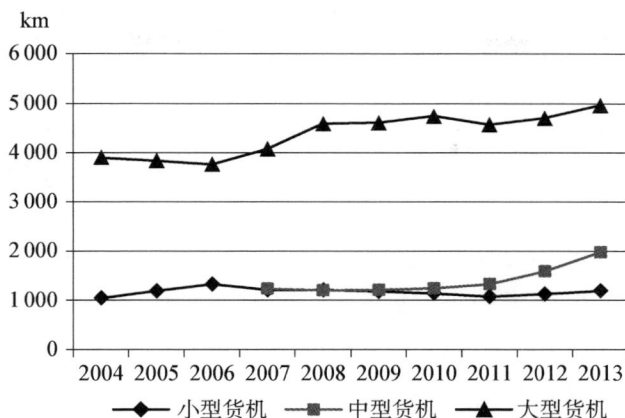

图5　2004—2013 年各类货机平均航段距离

与平均航段距离的增长趋势相对应,各类货机的平均航段时间也有相应的变化。大型货机的平均航段时间逐年上升,2013 年达到 7 h 左右,中型货机的平均航段时间逐步增长达到近 3 h,小型货机则保持在 2 h 左右。2004—2013 年各类货机平均航段时间变化趋势如图 6 所示。

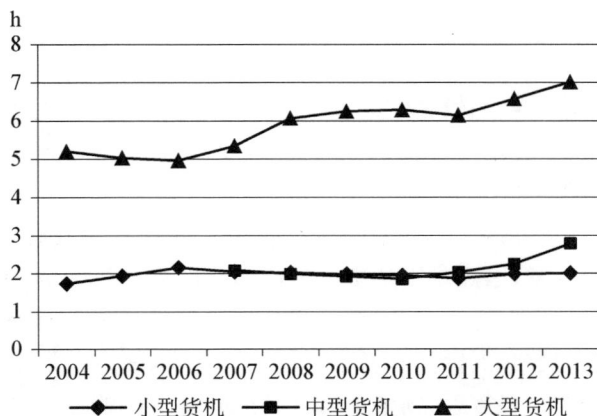

图6　2004—2013 年各类货机平均航段时间

3.5　平均退役时间

根据航升数据库可知,截至 2013 年年底,国内全货机机队的机龄均在 28 年以内。由于货机的使用年限较长,本文假设退役时间为 30 年,则在规划期内,将会有 32 架飞机退役,包括 22 架 B737F, 6 架 B747F 和 4 架 B757F 货机。如果在规划期内引进二手货机或客改货机型,则退役的飞机架数可能更多。

3.6 宏观机队规划结果

根据国内航空货运市场的发展情况,运力结构变化情况,假设未来 10 年国内航空货运的发展比较平稳,并保持之前 10 年的平均增长率,即假设未来 10 年全货机的货邮周转量的年复合增长率为 15%,各类货机承担的周转量的比例分别为 9%、1% 和 90%,飞机退役年限为 30 年,各类货机的日利用率、平均航段距离/时间则根据上文分析进行适当调整。

国内货机市场初步机队预测结果如表 2 所示,按照此规划,到 2023 年,国内货机的机队规模为 336 架,其中小型货机 180 架,中型货机 15 架,大型货机 141 架,比当前机队规模增长近 2.5 倍,其中小型货机的规模占到一半以上。

表 2 2023 年中国市场货机规划

项目	小型货机	中型货机	大型货机
飞机需求量/架	180.0	14.3	140.8
现役机队/架	59	2	36
预测期内订确认单量/架	0	0	24
退役飞机计划/架	26	0	6
需增加飞机量/架	147.0	12.3	86.8

4 经济性研究

货运市场受经济的影响较客运严重,经济的轻微波动能较直观地体现在货运的量上。因此,进行科学合理的宏观机队规划,使货机行业规模与货运市场的规模相匹配,对货机的运营经济性将产生积极影响。

之前国内航空货运市场,一直是各航空公司根据自身的发展需求,进行货机的规划和货运航线的开发,因此难以从整个市场的层面来进行宏观的规划与协调。而宏观机队规划是以整个市场为基础,根据未来市场发展趋势,进行机队预测和规划,对整个行业的市场需求起到标杆和警示作用。如果,各航空公司未来规划的货机总量与宏观机队规划的结果接近,则整个市场的运转是良好的,运营经济性较高;若偏离宏观机队规划的结果,则说明未来一段时间内市场运营可能会出现问题,运营经济性较低,相关航空公司需及时调整机队规模,避免运力不足或过剩。

5 结论

国内航空货运市场与经济发展的关联度极高,在经历了数年缓慢增长后,航空货运市场开始逐步恢复并以较快速度发展。货机宏观机队规划从整体上对未来数年国内市场的货机进行规划和预测,在一定程度上能支持航空公司进行货机的规划,及时增加或缩减运力,提高航空公司的竞争力水平。通过规划,可以预见未来10年国内航空货运市场对货机有较大的需求,尤其是对小型货机和大型货机的需求较大。同时可以借鉴规划结果,对飞机引进进行管理,使飞机的引进与市场需求相协调,以提升整个行业内货机的运营经济性,最终提升航空公司的收益水平。

参 考 文 献

[1] 朱金福.航空运输规划[M].西安:西北工业大学出版社,2009.
[2] 保罗·克拉克.大飞机选购策略[M].北京:航空工业出版社,2009.

民机设计与运营中的大数据应用分析

王 乐

（中国商飞上海飞机设计研究院，上海 201210）

摘要： 作为高端装备制造业之一，民机设计、制造与运营对中国经济发展有重要的推动作用，在国家战略层面受到极大重视。民机设计规模庞大且复杂，依托于当前计算机科技的高速发展，信息数据已充斥于民机设计以及未来运营的所有环节，随着信息数据量与日俱增，大数据在民机设计中的影响力与日俱增。本文结合目前国家对民机制造以及大数据两方面的发展规划，对现在以及未来大数据技术在民机设计、运营阶段的应用进行详细分析和讨论。

关键词： 民用飞机；经济性；设计与运营；大数据

Discussion of the Application of Big Data on the Design and Operation of Civil Aircraft

Wang Le

（China COMAC Shanghai Aircraft Design and Research Institute，Shanghai 201210）

Abstract： As one of the high-end equipment manufacturing industries，the design，manufacturing and operation of civil aircraft prompt the development of Chinese economy significantly. As a result，the development of civil aircraft has been paid much attention to in the national strategy. It is extremely huge and complex to design a civil aircraft. In the meantime，information technology has played an important role in the design and operation of aircraft. Obviously，big data needs to be considered carefully as the quantity of data in aircraft has increased to a level much higher than it ever reached. Based on the national strategy in aircraft production and big data，this paper analyses the application of big data to the design and operation of civil aircraft in detail.

Key Words： civil aircraft; economic; design and operation; big data

0 引言

2015 年 5 月，经国务院总理李克强签批，我国公布了中国制造 2025 规划，目的在于瞄准新一代高端装备、信息技术等战略重点，推动战略产业发展。其中高端装备包括发展大型飞机研制,以形成完整的航空产业链,即民机设计已被列入国家重大发展战略中。民机产业大而复杂,民机设计属于复杂系统工程,需要进行上百万零件的设计,多个复杂子系统的集成,在所有设计过程中须兼顾安全性、环保性、经济性和适航性。

同年8月份,国务院印发《促进大数据发展行动纲要的通知》,指出大数据对推动经济发展的重大作用,其依据在于大容量的数据集合可以通过整合、分析,发现新的知识、创造新的价值。文件中提到利用大数据推动信息化和工业化深度融合,研究推动大数据在研发设计、生产制造、经营管理、市场营销、售后服务等各个环节的应用。大数据技术不用随机分析方法,而使用所有数据进行分析处理。大数据有如下4V特点:Volume(大量)、Velocity(高速)、Variety(多样)、Value(价值)。大数据规模巨大、类型多样,已经大大超出了传统数据库软件的能力范围(一般超过10 TB可称为大数据),基于大数据技术能够挖掘传统技术难以发现的价值信息,为有大数据应用需求的企业创造更大的价值。

如今信息数据技术已全方面应用于民机设计中,如在总体气动设计中,采用了先进的超临界机翼技术,以有效降低由于激波导致的阻力剧增,在设计环节中,利用高性能计算技术进行全机数值模拟分析,建立翼型数据库辅助机翼设计等。更进一步地,空客公司已开展耦合气动、结构等多学科的全机外形综合设计,采用更先进的算法,利用性能更强劲的计算机集群进行多学科设计计算。所用技术更加先进,同时所用理论方法更加复杂化、综合化,使得飞机设计与计算机技术的关系日趋紧密。在飞机设计中,计算机集群的硬件能力,计算机软件算法的性能显得越来越重要。

此外,民机设计、运营也是大数据技术应用的重要领域。民机设计包含大量部件的系统集成,几乎每一个系统都有大量的传感器用来收集数据,这些数据具有"大量"的特点;民机在飞行短时间内可实时产生大量且连续的数据,符合"高速"特点;飞机上的各个系统,如发动机动力系统、飞行控制系统、电子电气系统、环控系统等,均能产生大量数据,同时各个系统的数据又有各自的类型,如结构型数据或其他类型数据,因而符合"多样"特点;不论航空公司还是民机制造商,均能根据飞行数据改进运营决策或设计方案,因而符合"价值"特点。可见民机设计、运营中的数据技术可以归为大数据技术范畴,如今民机制造商的发展策略已逐渐由制造-生产商业模式转变为以服务为导向的商业模式。因此,将大数据分析技术应用于设计制造,以改善服务、提高用户体验,自然成为制造商以及运营商未来发展的侧重点。

1 国际民机制造商大数据应用简述

波音公司每一架飞机上装有8 000~10 000个传感器。这些传感器会产生大量的数据。原因有二:一是,数据量基数大,数万个传感器、数千架飞机;二是,实时性,传感器每时每刻都在采集数据,数小时的单次飞行足以使数据量成倍增加。根据相关估算,波音公司将拥有 100 PB 的数据存库。基于这样的大数据,波音公司可以改善燃油效率,根据需要提高巡航速度,同时实时优化航班路线以减少延误。

空客公司目前已开始提供"E-解决方案"服务。该服务基于大数据,主要为民机运营商客户提供技术支持,以增强客户的运营能力,提高航空公司周转量、降低投资成本。如提供安全管理系统,客户可使用该系统进行高效的安全管理。该系统包含了飞行数据安全分析教程、在线安全评估服务以及飞行数据管理等服务。此外,空客与 IBM 公司合作,试图在开放飞行数据平台上提供运营支持,如使用大数据,分析和优化运营航线,以提高航空燃油利用率。

空客公司的飞行交互测试中心与甲骨文公司合作,将甲骨文公司的大数据服务应用在空客公司各个飞机型号的数据管理中。该中心需要更快的大数据分析服务,以满足日益增多的测试需求,进而在市场上赢得时间优势。

2　国际航空发动机制造商大数据应用简述

为了提高发动机服务,同时抢夺最新窄体客机 A320NEO、波音 B737MAX 等的发动机市场,普惠公司依托大数据技术,计划对发动机管理方式进行重大改进。在过去,管理一个发动机并提供售后服务需要 10 个人,而通过采用大数据管理方法,仅仅需要 1 个人管理。核心思路是将人工智能应用于发动机中,如发动机可以自动调整推力。具体解决方案是在发动机上安装超过 5 000 个传感器,这些传感器在单发上每秒可以产生 10 GB 的数据量,由此推算,普惠公司每年单发的数据量将达到 12 PB。处理如此庞大的数据量需要与专业数据处理公司合作,如 IBM 公司。通过与 IBM 数据中心合作,普惠公司能对发动机产品进行更有效的实时运营和管理。近年,美国最快的超级计算机"泰坦"存储量约为 40 PB,而根据 IBM 公司预计,普惠公司大数据发动机项目将需要近 100 PB,可见发动机未来对大数据技术应用的需求强烈。

目前,已经有发动机制造商将大数据技术应用于发动机故障预测中。该制造商研发了一套分析发动机数据平台。在已收集的大量数据基础上,整合并分析有用的信息,建立相关预测模型,实时通报发动机可能出现的故障。这一套大数据平台取得了明显的效果:对于高风险的发动机,故障预测率为 100%;所有在飞的发动机故障预测率高达 95%;有效避免了航班延误,减少了 150 万美元的损失。

3　大数据在民航设计、运营中的应用分析

大数据技术由于其技术特点,可应用于飞机设计和运营当中,其应用价值体现在以下几个方面。

3.1　工程研发设计

在研发设计环节,数据的作用是帮助设计人员了解设备运行状态,并提出改进方案。然而在实际工程项目中,设计人员往往拿到的是一个非常细化的数据,比如设计人员被告知某个部件失效,但并没有得到具体的解决方案,也不知道该部件失效对整个飞机系统的影响,只能通过协调多方相关人员一起解决问题。这必然会耗费大量的人力和时间成本,影响项目进度。

如果采用大数据技术,设计研发人员将拥有完备的工程数据。在这套数据的基础上,研发人员可以从全局的角度审视生产设计,可见树木,也可见森林。比如通过数据可以得知产品未来的使用方式,这样便可以提前预知那些可能失效的部件,从而有针对性地进行设计和制造。需要注意的是,工程设计人员不需要花时间分析数据、发现信息,他们只需要借助已有的信息,改善飞机系统设计。

3.2　供应链

3.2.1　制造和总装

在产品制造阶段,大数据技术可用于产品设备的使用寿命周期,同时预测未来维护所需要设备,加大这些设备的供应;在整个总装过程中实时调整生产活动,以在时间和经济上达到最优;在生产阶段进行质量实时监控和预警,防患于未然;优化产品需求的制定方法,改善生产方式。

3.2.2　产品周期

改善上游供应链,有效管理并提高供应品的质量;提升原材料的利用率,提高产品质量,同时降低生产成本。

3.3　项目管理

项目管理的目的在于保证工程项目在预计节点之前、财政预算之内顺利完成。传统的项目管理是靠人为的观察、口述、直觉及经验完成的。对于民机设计如此庞杂的工程项目,其中包含了上百个项目活动,调用了成千上万工作人员。大数据技术可以作为新的辅助决策技术工具,利用数据驱动项目管理。如通过相关数据分析方法,合理预测并防范潜在的项目风险,发现引发项目风险的因素,可能出现的延误和成本超支等。

目前,已有航空制造商引入数据项目管理方案,引入方案的效果是明显的。该制造商发现并预测项目风险的能力提高了 50%;由于避免了不必要的延误,因而每月避免了 600 万美元的延误损失。

3.4　售后服务及航空公司运营

3.4.1　减少人为失误,提高安全性

在飞机飞行和维护等各环节中,人为因素产生的失误是产生安全隐患的原因之

一。尽可能以计算机程序替换人为参与的环节,自动实现数据的采集、分析,并引导相关操作的执行,可有效降低人为失误,大大提高飞机安全性。此外,飞机机翼、各个操作面均可安装传感器,将传感器反馈的数据收集并分析,通过实时并及时地调整,进一步提高巡航状态下飞机的平稳度。

3.4.2 改善运营方案,提高经济性

从飞机本体角度看,分析发动机上传感器采集的数据,自动制订当前最优的推力方案,提高燃油的使用效率,有效节省燃油成本。此外,实时监控飞行状态下各个系统部件的有效性,若发现需要维护或替换的部件,可根据飞机预计降落地点,分析计算系统备件的最佳调配方案,包括调配厂家的选取、运输方式的选择,相关保障人员的选择和调度等,可同时提高安全性和经济性。

从航空公司航线运营角度看,民航客机在飞行状态是创造利润的黄金阶段,对于航空公司,减少地面时间是急需的。掌握竞争对手在空域中的航线状态,了解空中天气情况,可以促进航空公司改进运营方式。航空公司可以通过分析各个航线上的起降、巡航数据,实时调整、制订航班班次,以降低飞机地面滞留时间,提高运营经济性。

从航空公司用户运营服务角度看,目前海内外航空相关公司均已初步将大数据引入日常运营服务中,以下试举几个案例。

就美国本土航空公司而言,表1列举了3家美国航空公司引入的大数据解决方案及其存在的问题。从表中可以看出,客户运营重点围绕于与客户切身相关的数据,以之为运营分析输入,结合航空公司分析模型做出相应的服务决策。此外,航空公司顺应当前移动互联网发展潮流,推出专用App以实现即时服务,改善用户体验。存在的缺点是目前大数据技术应用仍处于萌芽状态,亟需进一步发展。

表1　美国航空公司用户运营案例分析

比较项目	美联航	达美航空	西南航空
大数据运营特色	将数据引入运营估算模型,辅助运营决策	移动端推广,实现行李追踪	分析用户互联网行为,精准服务
具体解决方案	采集、筛选、分析数据,研究分析上百个与旅客消费相关的变量,同时考虑旅客历史行程单,得出潜在消费动向	在各大移动端(IOS、Andriod等)推出专用App,提供行李追踪等服务	以交易系统订票信息、用户搜索、访问等行为及个人信息作为输入、定点推销服务
运营效果	改善在线决策系统,提高运营效率	总下载量达千万次,增强与用户纽带,为后续推广服务打好了基础	定点营销实现额外创收;通过免费升舱等服务提高用户黏性
存在的问题	应用范围较小,目前缺乏成熟且通用的航空公司大数据运营解决方案,现有的航空公司数据系统无法满足未来更高的运营要求		

从国内应用角度看，携程旅行网基于本公司大数据平台及用户调研数据，于2015年发布了《2015年低成本航空乘客报告》（低成本航空公司亦称低价航空公司，主要经营客流量大的短程航线，多在二级机场起降，不提供免费餐点等附加服务，由于成本的降低使得票价大幅压缩）。该报告分析了低成本航空运营情况，为航空公司后续运营提供了有效参考。依据此类信息，航空公司可调整航班班次、航班票价等要素，在满足市场需求的同时实现利润最大化。图1是低成本航空公司境内热门目的地TOP5，图2是亚洲境外热门目的地TOP5。

图1　境内热门目的地 TOP5

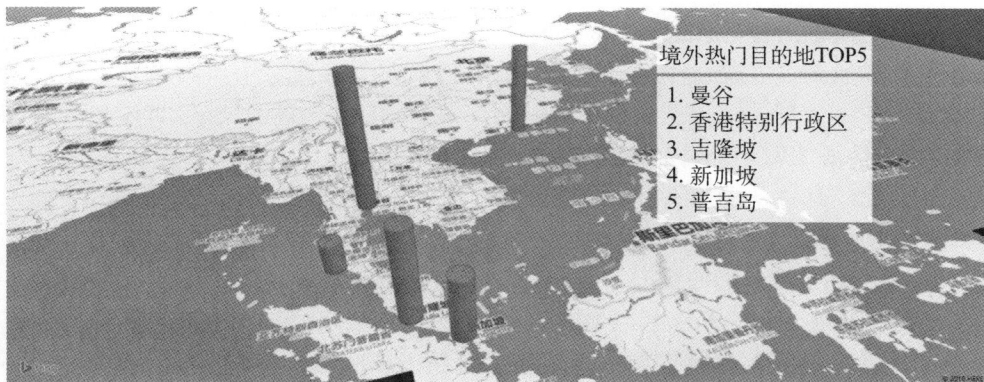

图2　境外热门目的地 TOP5

依托于平台巨大的用户数量，携程旅行网从航空乘客客户的角度进行了数据调研。

图3是客户最需要的5项售后服务比例，大部分乘客均希望航班变化后得到妥善安置。此外，在退改条件、航变通知等与行程密切相关方面有大量的诉求。图4

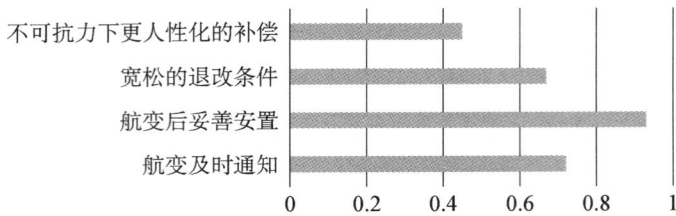

图 3　最需要的售后服务比例

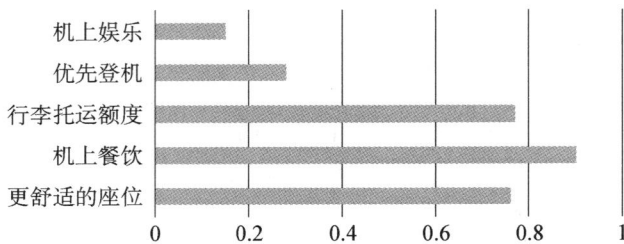

图 4　最愿意购买的增值服务比例

给出了客户愿意购买的 5 项增值服务比例。由于关乎乘客体验,机上餐饮、舒适的座位等增值服务占据客户需求前列。

3.5　数据可移动化

如上文案例所述,民机数据并不仅限于在 PC 端流转,也可以按需在移动端提供服务。比如数据可以通过 App 在任何地点、任何时间传送至手机移动端。移动端 App 可以借助数据可视化技术,将相关数据以图表的形式直观地显示,以便理解和分析;数据能够实时更新,保证时效性。

现在已经有移动设备制造商和数据服务商合作,将企业级别的大数据分析能力移植到移动设备,以下试举几例。

3.5.1　航线运营与预测性维护

数据分析师通过分析传感器数据及历史飞行数据,制定最优维护策略,以更好地进行民机维护工作。在飞机落地之前,所有相关地面维护保障人员均能在手机移动端获悉工作任务。飞行员的电子飞行包中可安装 App,快速获取空域交通状况及气象条件,以动态调整飞行器飞行策略,从而降低油耗,减少延误。

3.5.2　工程研发

移动端设备可存储相关工程经验和教程,工程师在处理现场问题时,只需查看移动设备,搜索相关知识以及可行方案,并做出最佳决策。在工程制造、服务运营中会产生各种质量数据(结构化、非结构化),通过这些数据,工程师可以发现目前以及将来可能出现的问题,以便进行更好的现场决策。

3.6 航空大数据技术经济性分析

由上文可见大数据为航空产业带来的推动作用,然而事物均有两面性,作为市场化服务产品,大数据在带来价值和收益的同时,也给服务商、采购商造成成本压力。我国目前拥有 40 多万数据中心,所耗电量占据全社会用电量 1.5% 左右。除了耗电量大,费用超高以外,还有散热问题,数据中心机房过高的温度影响了设备正常运行。由此可见,服务器数量增加,配套的冷却设备也增多,一方面增加了设备采购成本,另一方面增加了用电量,同时所需的技术管理人员也增加,导致人力资源成本上涨。

针对此类问题,数据服务商有诸多应对措施。如优化服务器调用,尽可能降低仪器功耗和温度。同时采购耐高温设备,保证服务器能够在高温温度下运行。在人工方面,可以简化配置和管理,使服务器的管理趋于自动化、智能化,便可大大降低人力维护成本。

4 总结

纵观国家未来 10 年的宏观制造业战略,看得出我国民机设计处于难得的历史机遇期。过去各种阻碍民机发展的因素已不存在,未来面对的是来自市场的挑战,所以提高民机设计经济性是重中之重。大数据技术作为国家发展战略之一,已开始在各行各业发挥作用,同时大数据服务商也在持续致力于解决数据分析成本问题。本文从民机设计制造、工程管理、航线服务运营等方面分析了大数据在民机设计及运营领域的应用。民机作为复杂的大系统,是大数据技术的重要服务对象。借助于大数据分析技术,制造商可大幅改善民机设计制造水平,通过增强工程项目管理能力,控制设计与研发成本,进而研发出更优质的产品,同时提高售后服务水平;航空公司则可通过提供优质的服务,改善乘客体验,有效提高自身运营水平,进而增加企业收益。

参 考 文 献

[1] 国务院关于印发《中国制造 2025》的通知[R]. 国发〔2015〕28 号.
[2] 国务院关于印发促进大数据发展行动纲要的通知[R]. 国发〔2015〕50 号.
[3] 陈迎春,宋文滨,刘洪. 民用飞机总体设计[M]. 上海:上海交通大学出版社,2010.
[4] Viktor Mayer-Schönberger, Kenneth Cukier. Big Data [M]. Eamon Dolan/Houghton Mifflin Harcourt.
[5] Flight Operations Services [EB/OL]. http://www.airbus.com/support/flight-operations/e-solutions.
[6] Commercial Aviation and Aerospace. Big Data Analytics for Advantage, Differentiation and Dollars [R]. IBM Global Business Services.
[7] 携程旅行网. 2015 年低成本航空乘客报告[R]. 2015.

基于经济性的机型选用方法

王如华 陈怡君

(中国商飞上海飞机设计研究院,上海 201210)

摘要:商用飞机的经济性是航空公司进行飞机选型和制造商开展型号研制的重要指标,也是影响航空市场竞争的关键因素之一。本文基于商用飞机运营成本、收益及市场需求,建立了经济性评估模型。并通过案例分析,比较不同座级飞机在不同市场的经济适应性以及竞争力。

关键词:商用飞机;运营成本;经济性

Economic-Based Analysis Method for Commercial Aircraft

Wang Ruhua Cheng Yijun

(China COMAC Shanghai Aircraft Design and Research Institute,Shanghai 201210)

Abstract:Aircraft economics is essential factor in aircraft competition,and it is also a critical measurement in aircraft development and purchasing. This paper established an Aircraft economics assessment method witch based operating cost and market demand.

Key Words:commercial aircraft;operating cost;economics

0 引言

商用飞机价格极其昂贵,使用成本也很高。其经济性是影响竞争力的关键因素之一,也是航空公司进行飞机选型和制造商开展型号研制的重要指标之一。由于商用飞机的经济性不仅受到航程座级、性能等技术因素的影响,也受到航线、运营环境等市场需求的影响,因此需要选取合适的指标度量商用飞机的经济性。

对于航空公司而言,商用飞机能否盈利是其关注的根本。航空公司通过运输旅客或者货物,从而达到营利的目的。因此,商用飞机在特定市场运营所获得的利润,可以直观反映商用飞机的经济性。

本文通过分析建立商用飞机运营成本模型和收益模型,对商用飞机在不同市场需求条件下进行经济性评估。通过典型飞机的案例,比较不同座级的飞机在不同旅客市场的经济适应性及竞争力。

1 经济性分析数学模型

飞机的总运营成本(total operating cost, TOC)包含两个部分:一是,与机队运营有关的成本,主要取决于飞机的设计,称为"直接运营成本"(direct operating cost, DOC);二是,与机队运营无关或关系不大,但与运营环境和商业模式关系密切的成本,主要取决于航空公司的运营,称为"间接运营成本"(indirect operating cost, IOC)。

美国航空运输协会(ATA)于1944年发表了首个广泛认可的飞机直接运行成本估算方法。在此基础上,航空制造商对商用飞机的运营成本进行深入的分析。中国商飞上海飞机设计研究院,在总结国外研究的基础上,结合中国市场的收费政策和标准,提出了适用于中国环境的航空公司运营成本模型。

1.1 运营成本模型

根据中国市场民用飞机运营特点,结合机场、航线等各类收费标准和政策,中国市场直接运营成本模型主要包含所有权成本和现金运营成本两部分。其中所有权成本分为购买和租赁两类,包含项目主要为飞机折旧和利息(或租金)、保险等。现金运营成本为飞机运营过程中直接产生的费用,主要包括:机组成本(飞行机组和乘务)、维修成本、燃油成本、机场收费、餐食费、导航收费、地面服务费和民航发展基金。项目组成如图1所示。

典型支线飞机的直接运营成本如图2所示。

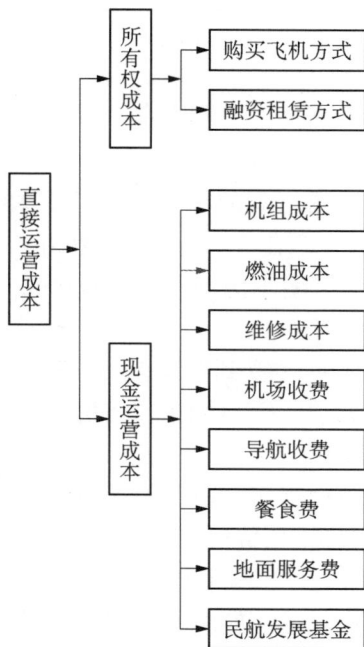

图 1 DOC组成

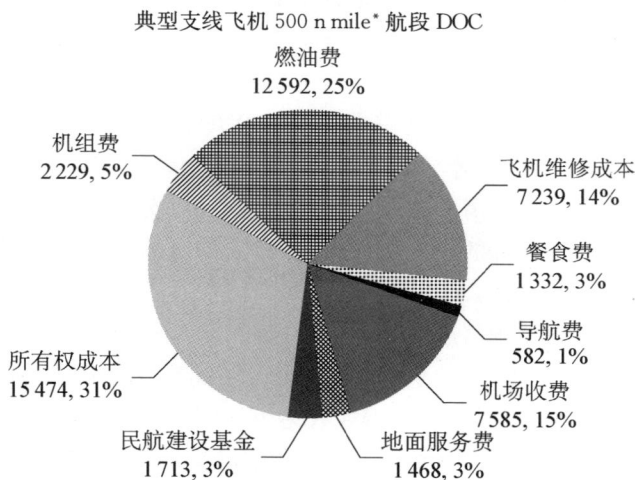

图 2 典型窄体机直接运营成本

* 1 n mile = 1 825 m

从图中可以看出,在特定的运营经济环境下,典型支线飞机的直接运营成本中,所有权成本及燃油成本占直接运营成本比重最大,分别为31%和25%。其次是机场起降收费,占直接运营成本的15%。具体分析影响直接运营成本的飞机参数,可以发现飞机的直接运营成本受到商载能力、航程、重量及价格等因素的影响。表1列出了主要技术参数及其影响。

表1 影响飞机运营成本的主要技术参数

影响成本的技术参数	对运行成本的影响
飞机座位数(商载能力)	商载能力是航空公司的收益来源。商载能力越大,最大起飞重量越大,运行成本(燃油成本、起降费、导航费、地面操作收费和民航建设基金)增加
飞机设计航程	设计航程越大,最大起飞重量越大,运行成本增加
最大起飞重量($MTOW$)	影响推力需求、耗油量、起降费、导航费、民航建设基金等
最大零油重量($MZFW$)	影响最大商载能力(最大商载能力$=MZFW-OEW$),商载能力是航空公司的收益来源
使用空重(OEW)	OEW被称为"无效载荷",OEW增加,商载能力将降低。要求OEW最小化
耗油率和轮挡耗油	气动设计、发动机和结构设计的综合体现。涉及燃油成本等
飞机售价	新技术发动机和新材料等可能提高研制成本和售价,因而影响所有权成本

1.2 运营收入模型

航空公司航线运营收入与平均票价及平均旅客人数相关。平均旅客人数又受到飞机座位数和市场旅客需求的影响。

对历史数据的统计分布表明,市场需求一般会呈现正态分布的特征。因此可以通过平均值以及标准差两个参数进行表征。其中,平均值代表了市场需求的大小,标准差代表了市场需求的离散程度。在实际工作中,为了便于比较不同规模的市场,需要引入差异系数。

不同的需求曲线,代表了不同的细分市场,也表现了不同的市场特点。一般商务旅行市场的差异系数较大,市场需求的相对离散程度较高。而休闲旅行市场的差异系数较小,市场需求的相对离散程度较低,峰值较为集中。

当市场需求超过运力供给时,会产生旅客溢出,从而使得实际平均旅客数小于平均市场需求。从图3中可以看出,当市场需求小于飞机座位数时,飞机能够满足旅客需求。此时,运输人数为市场需求人数。当市场需求大于飞机座位数时,产生溢出。此时,飞机达到最大载客人数,运输人数为飞机座位数。航空旅客市场溢出模型如图3所示。

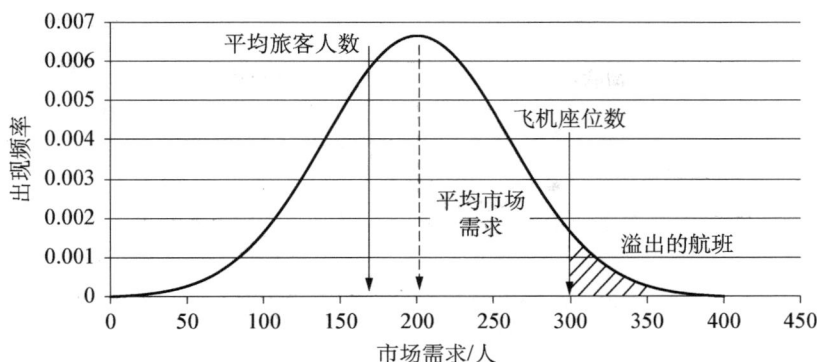

图 3　航空旅客市场需求溢出模型

通过市场特征参数以及飞机座位数,可以计算出平均旅客人数,计算方法见式 1

$$\bar{p} = \int_0^S p \times f(p: \mu, \sigma)\mathrm{d}p + \int_S^\infty S \times f(p: \mu, \sigma)\mathrm{d}p \tag{1}$$

式中: $\bar{p}$——平均旅客人数; p——市场需求人数; μ——市场需求分布平均数; σ——市场需求分布标准差; $f(p: \mu, \sigma)$——正态分布密度函数; S——飞机座位数。

在其他参数不变的情况下,随着市场需求的增加,溢出人数和平均旅客人数相应增加。随着座位数的增加,平均旅客人数增加,溢出人数减少。

2　案例分析

根据文中提出的经济性分析模型,针对选取典型涡桨支线飞机、典型喷气支线飞机和典型喷气窄体飞机 3 种机型作为案例,对其经济性进行分析比较。

典型涡桨支线机、典型喷气支线机和典型喷气窄体机的总体参数如表 2 所示。

表 2　典型飞机总体参数

项　目	涡桨支线飞机	喷气支线飞机	喷气窄体飞机
最大起飞重量/t	28.9	47.8	73.5
最大着陆重量/t	27.7	43	64.5
使用空重/t	17.1	27.2	41.2
制造空重/t	15.6	26.8	37.7
座位数	74	106	160
500 n mile 轮挡时间/min	108	94	94
500 n mile 轮挡燃油/kg	1 830	2 823	3 329

经济性使用的经济环境假设及运营环境假设如表 3 和表 4 所示。

表 3　经济环境假设条件

项目	假设	项目	假设
贷款	100％飞机投资总额	美元汇率	1 USD＝6.3 RMB
贷款年利率	6.35％	燃油价格	4 000 元/吨
贷款年限	每年还贷 2 次,20 年还清	年保险金	0.1％飞机价格
折旧	20 年,残值 5％	备件假设	机体备件：6％机体价格 发动机备件：20％发动机价格
间接运营成本	20％的直接运营成本		
飞机价格	市场销售价		
税收政策	进口飞机($OEW \geqslant 25$ t)：5％增值税,1％进口税 进口备件：17％增值税,5％进口税(无论国产或进口飞机)		

表 4　运营环境假设条件

项目	假设
平均航段距离	500 n mile
日利用率	8 小时/天
过站时间	0.5 h
维修劳务费率	40 美元/维修小时
起降机场	起飞：国内一类机场 降落：国内一类机场
差异系数	0.35
票价费率	0.8 元/客公里

基于上文提出的分析模型以及假设条件,分别对 3 种不同的机型进行典型航段飞机经济性分析,分析结果如图 4 所示。

通过上述分析,可以清晰地看出航段盈亏平衡人数,以及在不同市场需求下各机型的经济性比较,可以发现,由于平均旅客需求对航段运营成本的影响很少,但对收益影响很大。因此,商用飞机经济性的变化趋势与收入变化基本相同。

当需求人数较小时,较小座位数的涡桨支线飞机由于最大起飞重量轻,油耗少,售价便宜等因素,其运营成本远小于喷气支线飞机与喷气窄体机。当平均旅客需求为 52 人时,涡桨支线飞机即可实现盈利。随着旅客需求的增长,由于座涡桨支线机运力有限,收入增长锐减,因此其利润的增长也相应减少。当平均旅客需求大于 83 人并小于 124 人时,喷气支线飞机较涡桨支线飞机有明显的收入优势,较喷气窄体机有明显的成本优势。从图中可以直观看出,在该类市场中喷气支线飞机相较其他两者更具经济性优势。对于平均旅客需求大于 124 人的市场,由于喷气窄体机能提供更多座位数,可以获利更多。因此,在该类市场中喷气窄体机经济性最优。

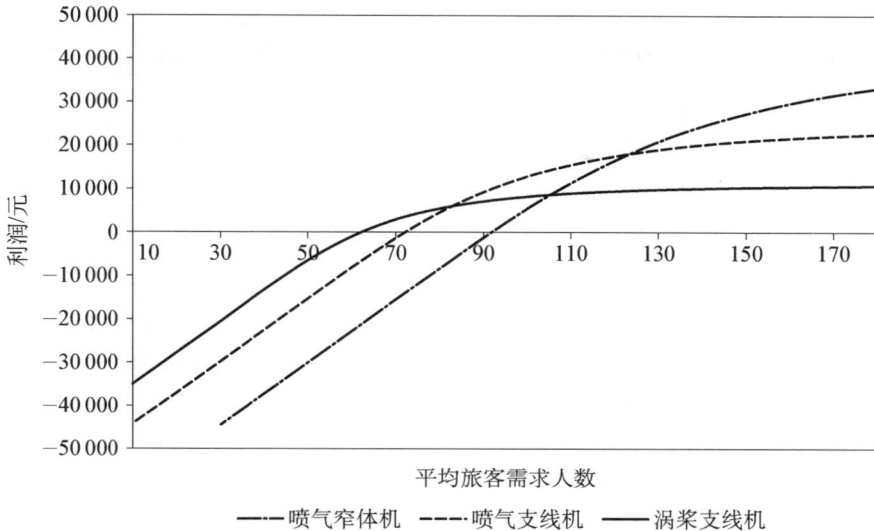

图 4   商用飞机经济性分析

3   总结

本文结合了商用飞机运营成本模型及收益模型,提出了能够衡量飞机对于不同旅客需求的经济性分析方法。本文还通过典型涡桨支线机、喷气支线机及喷气窄体机案例分析,比较了不同机型对于不同市场的经济适应性及竞争优势,为航空公司选型及制造商优化设计提供评估依据。

参 考 文 献

[1] 叶叶沛. 民用飞机经济性[M]. 成都:西南交通大学出版社,2013.

[2] 保罗·克拉克. 大飞机选购策略[M]. 北京:航空工业出版社,2009.

[3] 王修方. 干线飞机直接使用成本的计算方法[J]. 民用飞机设计与研究,1995(3):39 - 43.

[4] ATA. Standard Method of Estimating Comparative Direct Operating Costs of Turbine Powered Transport Airplanes [R]. Washington DC, 1967.

[5] Liebeck R H. Advanced Subsonic Airplane design and Economic Studies[R]. NASACR - 195443, April 1995. Curran, R. Value-Driven Design and Operational Value, in Encyclopedia of Aerospace Engineering.

基于产品分解结构的民机研制
工作分解结构技术研究

邬　斌

（中国商飞上海飞机设计研究院，上海　201210）

摘要： 民机研制工作分解结构（WBS）是民机研制项目管理团队的主要输出，确定了项目所有的研制任务。基于产品分解结构为基础的民机研制工作分解结构，面向产品开发、明确的确定产品项目的组成、内容、研制要求和研制程序，WBS是项目管理的组织构架、进度计划和经费预算的编制依据，也是商用飞机技术经济研究的基础文件。本论文，讲明了编制基于产品分解结构的民机研制工作分解结构的原则、方法、步骤、应用和参考图例，结合实际项目的相关文件的编制，将这个类型的工作分解结构的具体分析编制技术做了较全面的介绍。

关键词： 民用飞机；工作分解结构；产品分解结构；系统工程；项目管理

Research of Work Breakdown Structure of Civil Aircraft Development Project Based on Product Breakdown Structure

Wu Bin

（China COMAC Shanghai Aircraft Design and Research Institute，Shanghai 201210）

Abstract： Civil aircraft development project work breakdown structure （WBS） is a major output of civil aircraft development project management team. WBS determines all of project tasks. The civil aircraft development project WBS is product development oriented，clearly determinates product development project content，requirement and procedure. WBS is the basement of organization，scheduling，and budgeting，and also is the basement of civil aircraft economic study. The paper states the principle，method，step，real case and drawing of document the work breakdown structure based on product breakdown structure. Based on real case，introduce the analysis and document skill of work breakdown structure.

Key Words： civil aircraft；work breakdown structure；product breakdown structure；systems engineering；project management

0 引言

1) 编制"以产品分解结构为基础的工作分解结构"的原因和背景依据

工作分解结构,是一个大型项目常用的项目管理工具。通过把大型项目分解为一系列的可管可控的工作单元,即工作分解的方法,达到项目可实施的目的[1]。在项目的初期,开发项目的工作分解结构的方法有很多,找到并实施合适的工作分解结构的方法,对项目实施的好坏有较大影响。

基于产品分解结构的民机研制工作分解结构,面向产品设计和实现,是以产品分解结构为主体搭建起来的。这样的工作分解结构,体现了以产品为导向的原则,以集成产品团队为编制和实施产品分解结构和工作分解结构的基础,以主制造商和供应商的研发模式作为工作分解结构的应用环境,是这样的工作分解结构的大前提和背景。

以产品分解结构为基础,搭建的工作分解结构,是由于飞机型号研制的项目是复杂产品研制的工程项目,这就回答了应该采用哪一种项目工作分解结构的编制方法的问题。在工作分解结构的主体部分,采用产品分解结构的体系,在编制中坚持产品维度和产品全寿命周期维度的原则。这样,具体工作的交付物和程序就是整个项目的当然组成,这样的工作分解结构就是针对复杂产品研制工程项目编制的。

2) 编制"以产品分解结构为基础的工作分解结构"的过程和方法概述

在搭建基于产品分解结构的工作分解结构时,应该先期分析和编制这个项目的产品分解结构。通过产品分解结构的编制,形成飞机项目的核心产品树,明确产品树各节点的产品研制的标的和要求。在产品分解结构的基础上,编制工作分解结构,形成对应核心产品树的工作任务树,明确各工作包的研制程序和输入输出。

工作分解结构,在主体部分延用产品分解结构的内容。在管理、全机技术、制造、试验、试飞和客服的部分,以产品的全寿命周期的维度分解。工作分解结构的单元说明,针对每一个单元,都要求讲清楚这个工作包的研制程序,以指导项目实施。

3) 产品分解结构和工作分解结构这两个结构具体的应用方向

在编制工作分解结构的同一时期,按照工作分解结构的纲要,组建了项目的集成产品团队。在充分研究由工作分解结构集中体现的、反映产品和技术的管理隶属和集成关系基础上,构筑了项目的集成产品团队结构。同时,工作分解结构是编制和执行项目计划、编制和控制项目预算的依据。这样,工作分解结构也就成为民机经济性工作的基础性文件。目前,基于产品分解结构的民机研制工作分解结构,已经在民用旅客飞机项目中起到了基础性的作用。

1　编制工作分解结构的方法论

1.1　"以产品分解结构为基础的工作分解结构"的应用背景

一般,当知道项目的市场要求和设计任务书,如明确了航程、载客量、巡航速度,以及飞机的总体布局后,就可以着手编制产品分解结构和工作分解结构了。在项目的每一个阶段,在项目评审后,首先就应该评估和更新产品分解结构和工作分解结构。重视产品分解结构和工作分解结构的原因,就因为它是解决项目如何进行组织、管理和决策的重要工具。

复杂产品研制项目的工作分解结构,把整个大的项目分解为一组可管可控的较小的工作包。由于以产品维度为基准来分解整个项目,因此完成某个具体的工作包的研制任务,就直接为完成整个大的项目做出了贡献。管控好小工作包,就直接为整个项目做出了贡献。以产品维度划分小工作包,能直接支持项目完成,而其他的任何分解维度,都不能起到类似的作用。

1.2　编制产品分解结构的方法论

作为工作分解结构基础的产品分解结构,讲的是系统工程过程中设计综合的输出,它的主要表现形式是项目的核心产品树。民机研制项目的产品分解结构,以"飞机-技术专业- ATA 章- ATA 节"的 4 层次的产品维度作为产品分解结构的划分原则,整个划分的过程应该是"自顶向下"的。

开展对飞机的产品树的具体定义和分解时,应该坚持"逐层分解、逐项打开"的步骤,沿 ATA100[2] 的章节开展分解、检查和校核。飞机概念方案或飞机总体技术方案,是开展对核心产品树和具体单元内容的定义基础,ATA 章和节[2] 讲清楚了产品分解结构和具体单元的行业规范,飞机概念方案或飞机总体技术方案讲清楚了产品的构成。两者参照,能定义出完整的产品分解结构。

1.3　编制"以产品分解结构为基础的工作分解结构"的方法论

复杂产品研制项目的工作分解结构,应该是基于产品分解结构的。以产品分解结构为基础的项目工作分解结构,直接把项目的某一个或几个工作分解结构的单元,作为工作包的划分依据。工作单元(工作包)的产出,就是项目要求的最终的产品交付物。比如,前机身既是产品分解结构的单元名称,也是工作分解结构的单元名称,同时是交付物和相应的专用规范的工作包名称。

这样,整个工作分解结构,就是以产品分解结构为基础,面向产品开发,明确确定产品项目的组成和内容。项目划分和分解的效果是,每一个小工作包,结构简单、功能单一、易于实现。

产品分解结构以外的工作分解结构部分,围绕产品全寿命周期要素展开,编制管理、全机技术、总装制造、地面试验、飞行试验和客服工程等要素。按各要素自身技术和管理要求,分解各要素下一层次的项目内容。

1.4 编制产品分解结构和工作分解结构的说明文档的根本要求

在编制产品分解结构的时候,讲清楚项目的核心产品,讲清楚研制标的和要求;在编制工作分解结构的时候,讲清楚核心产品是怎样研制的,讲清楚研制程序和输入输出。核心产品以外的项目部分,以产品和项目的全寿命周期的要素为依据,安排工作分解结构的项目内容。

2 编制原则

产品分解结构和工作分解结构的这两个项目结构,具体编制的原则有以下3条。

2.1 百分百原则

产品分解结构和工作分解结构,是两个重要的项目结构,是主要的项目管理工具。无论用于指导设计,还是用于项目管理,都要求管理对象的工作范围是完整的。这样,产品分解结构和工作分解结构,才能指导实际工作。如在管理范围上,有缺失,可能对项目有灾难性的危害。

2.2 明确定义原则

对项目范围的明确定义,相对有一定难度的。产品分解结构和工作分解结构都一样,包括两个要素:一个是结构树,还有一个是单元说明。两个要素列全了,写明白了,就实现了明确定义原则。结构树,讲了这个工作包在整个项目中的地位;单元说明,讲了这个工作包实质上的构成。

2.3 不重叠原则

由于产品分解结构和工作分解结构,是定义范围的,不应有范围重叠的情况发生。由于有不重叠原则,在项目实施中,能较明确和直接地确认出单元要素的缺失,开展的两个结构有关的更改和补救更容易实现。

3 产品分解结构和单元说明的编制

项目的产品分解结构的编制,包括项目的树形结构和项目产品包,以及产品的内容描述。整个产品分解结构的编制过程,是一个"自顶向下"和"逐层分解、逐项打开"的过程。具体如下所述。

3.1 产品分解结构是一个树形结构,分解的维度是围绕 ATA 章节展开的产品维度

产品分解结构,是一个项目管理的工具,是编制工作分解结构的基础文件。整个型号,采用的是"主制造商和供应商"的模式,在研制单位内部自顶向下划分 4 个

产品层级;延伸到供应商那,还有 3～4 层的产品层级,共同完成对型号项目所有的产品项目和层级的定义和监管。在编制过程中,对项目的构型进行过研究,4 层的产品分解结构能覆盖型号飞机所有的核心产品的内容,并满足项目的管理要求。

在研制单位内部,整个民用旅客飞机的 4 层产品分解结构的搭建逻辑是"飞机-技术专业- ATA 章- ATA 节"。以整个飞机,为产品分解结构的顶层单元;以技术专业来整合 ATA 章的内容,作为第 2 个结构层次;以 ATA 章的展开,作为第 3 个结构层次,其中将动力装置下降 1 层,以符合整个项目在这个部分的实际管理隶属层级;按技术和管理要求,拆分 ATA 章,作为第 4 层,在这个项目中,坚持重复采用产品维度的要求,采用 ATA 节作为第 4 层单元要素。

3.2 产品分解结构的顶层单元,是此型号的飞机

在整个飞机的产业链和供应链中,对飞机型号的识别和区分非常重要。顶层单元,是识别研制内容的第一个识别标志。在主制造商,按这个型号的标志分配研制资源和参研力量。同时,在供应商,型号标志是产品设计、物料准备、产品规范、设计验证等研制内容的区分符号。当试生产和正式生产的时候,飞机物料拉动和制造装配的依据,物料清单的重要组成是飞机的型号标志。

3.3 在整个产品分解结构的搭建中,产品分解结构第 2 层的约定是关键性的创新

产品分解结构第 2 层讲清楚了 ATA 章的技术上的管理隶属,这就要求第 2 层的单元和集成的 ATA 技术属性是一致的。同时,整个飞机级的功能首先分配到产品分解结构第 2 层,再分解到 ATA 章。

因此,在飞机型号中,技术管理和协调的核心层,就是产品分解结构的第 2 层。这个层次的要素,包括机体、航电、推进装置、机械、飞控、电气等技术专业。有了第 2 层的定义和管理层级,大大简化了民用旅客飞机的技术协调和技术决策的复杂度和难度(具体结构,参见图 1。本文中的图例都是经过技术调整后的图例)。

3.4 在整个产品分解结构的搭建中,坚持产品维度是关键

在产品分解结构中,第 3 层是 ATA 章,第 4 层是 ATA 节(动力装置部分除外)。这两层讲的是一件事,就是民用旅客飞机的技术管理和协调,是以产品维度为主的。在研制中,有技术问题,是按产品包的产品和技术的管理隶属进行汇报和监管的,而不是以现成的产品分包形式和现在的组织机构的形式来汇报。这个特征,是和研制单位的管理变革和集成产品团队建设的要求是完全一致的。

ATA 章定义了飞机的机体和机载系统,ATA 节定义了机体和机载系统的子系统。ATA 节,定义到子系统,目的还是为了定义飞机系统。ATA 章和节[2]的采用,实际上是用 ATA 的产品约定,作为民用旅客飞机的产品分解结构产品维度的内容展开的参考和依据。

3.5　当存在特殊产品设计要求或协调要求时，可以按需调整并打包

ATA100 约定了大多数飞机的 ATA 章和节的产品结构。在实际应用中，可以按管理要求，进行合理剪裁。比如，推进装置和燃油防火，可以分拆，也可以合并为推进系统，关键是看产品分解结构的编制人员对产品的概念认识，以及预想中项目开展的管理效度的考量。同样，商载系统，一般是有地域上的区域性和航线上的特殊设计要求的。设计产品分解结构时，可以按商载系统的管理要求，调整具体项目的产品分解结构。

3.6　在每一个产品分解结构节点，定义节点的产品研制内容，形成单元说明

在确定整个飞机的产品结构树后，每一个产品分解结构节点都要写单元说明，讲清楚各节点的功能描述、产品构成、安装区位、三大接口（功能接口、机械接口、电子接口）、材料标准件、专用规范。由于在编制产品分解结构的时候，按飞机设计的实际方案和进展，就能相对容易地定义具体每一个产品分解结构节点的单元说明了。

3.7　编制产品分解结构的树形结构和单元说明，可以按需反向修改设计要求

应该考虑飞机的目标与要求、飞机布局和功能分解结构的适度调整合理性。由于产品分解结构的编制是系统工程过程的设计综合的交付物，在每一个飞机研制的重要阶段都要重复评估和更新。因此，在编制和更新时，有必要重新审查飞机设计目标和要求、布局和功能分解结构。如，产品分解结构不合理，有可能的话，应该适度调整设计要求。这个反馈，实际上就是系统工程过程中的要求循环和设计循环（见图 1）。

4　"以产品分解结构为基础的工作分解结构"和单元说明的编制

工作分解结构的编制，包括型号项目的树形结构和节点的定义，以及单元说明的内容。在工作分解结构和单元说明的编制中，具体的编制要点如下。

4.1　工作分解结构的主体部分，就是产品分解结构

工作分解结构是一个树形结构。工作分解结构的主体部分，就是产品分解结构。把产品分解结构顺延为工作分解结构的主体部分，对应每一个产品分解结构的单元，设置相对应的一个工作分解结构单元。自底向上汇总的时候，每一个父级单元的下层，设置系统集成的集成单元。这样，工作分解结构主体部分工作包的层次体系和产品分解结构完全一致的，仅在汇总节点，增加了系统集成单元（具体结构，参见图 2）。

4.2　在工作分解结构的第 2 层，补充安排完整的全寿命周期要素

按全寿命周期要素的概念，搭建管理、全机技术、总装/制造、试验、试飞和客服的结构，这些全寿命周期要素是一个大的系统集成的概念。在工作分解结构产品部

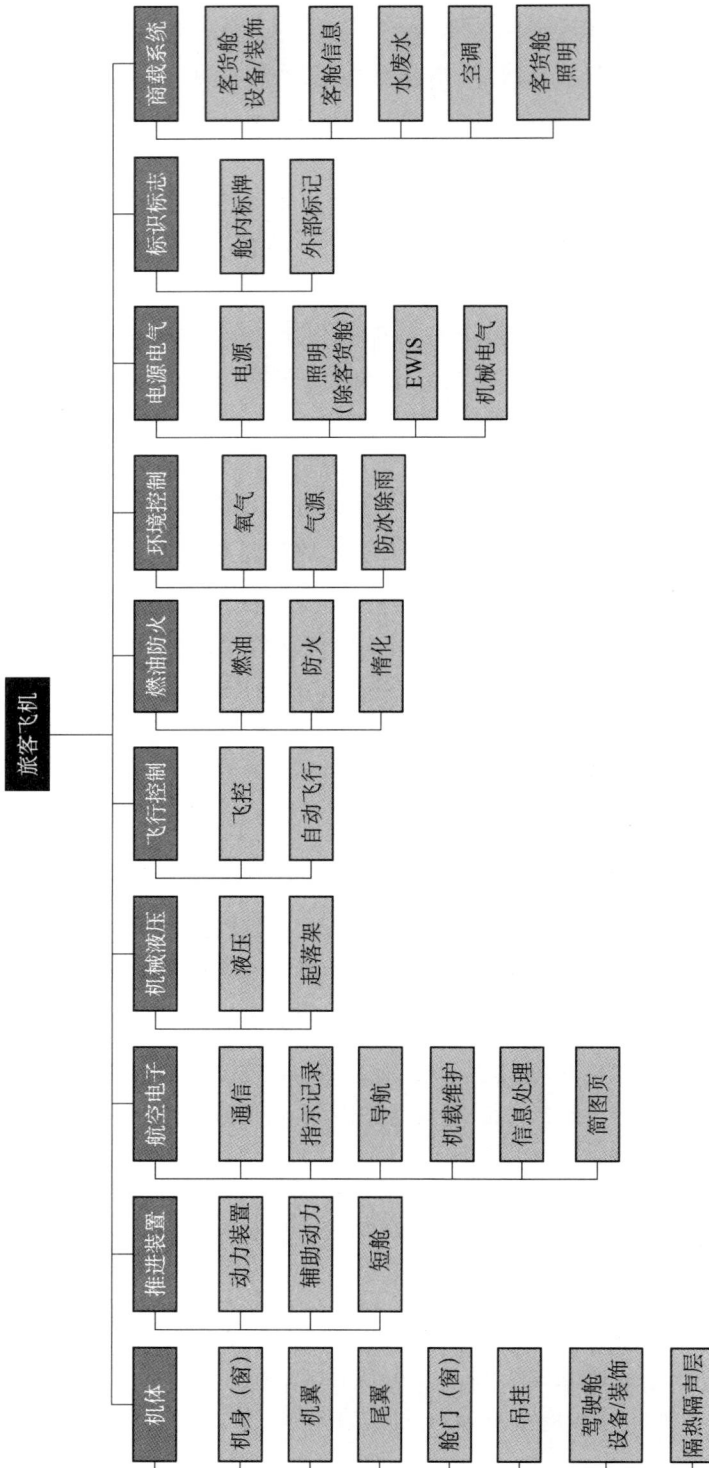

图 1　产品分解结构的构架（全机 1～3 层）

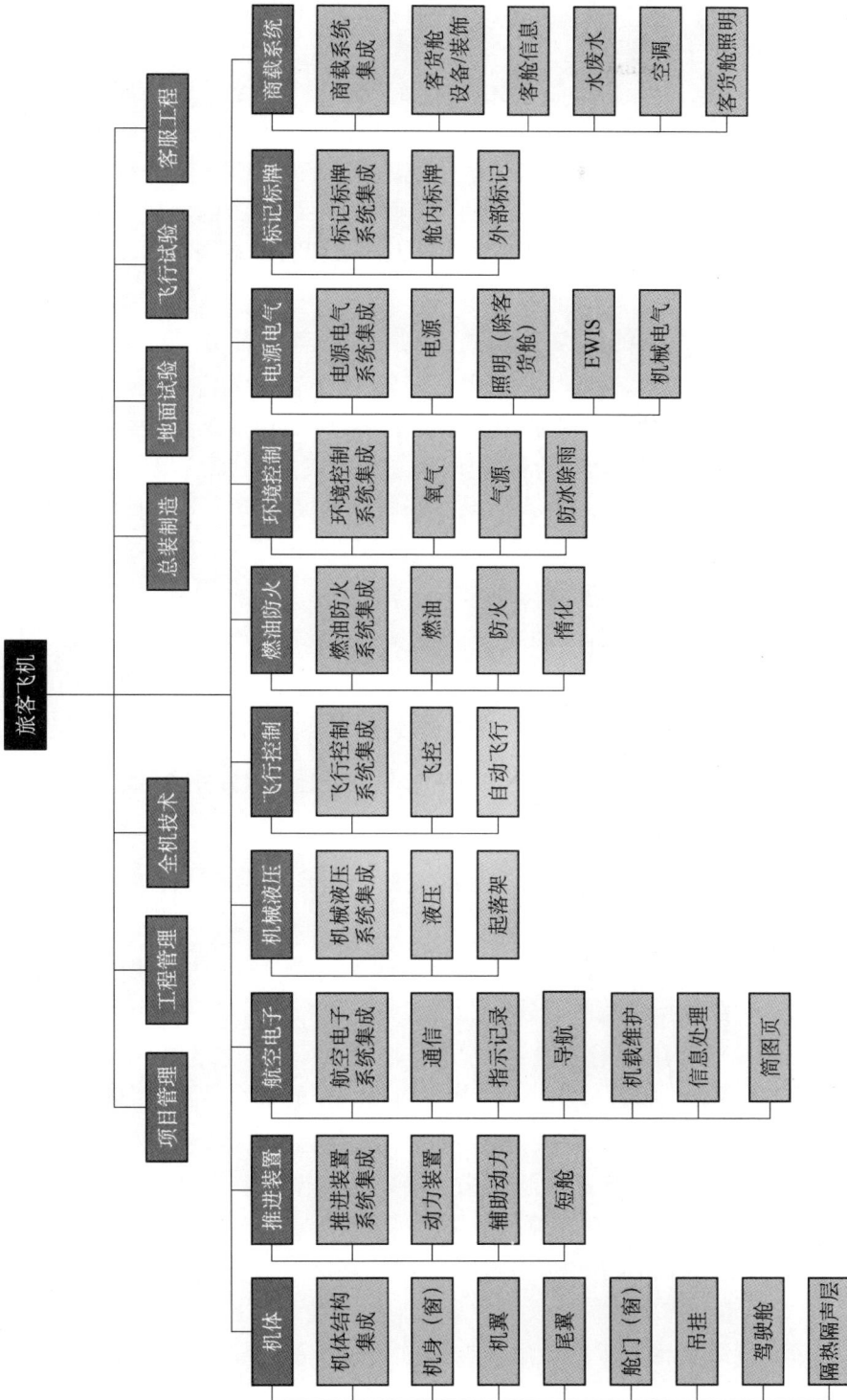

图 2　工作分解结构的顶层要素（产品分解结构维度）

分第 3 层和第 4 层的系统集成单元的要素,如须展开,也可以采用全寿命周期要素的概念,来进行内容上的展开。

全寿命周期要素的单元,按任务要求展开结构的搭建。各全寿命周期要素单元的树形结构,可以按照这个要素单元在项目初期的可行性论证时的任务书进行展开。如飞行试验的单元,可以按项目的试飞规划或试飞总要求,来分解飞行试验部分的工作分解结构,实现飞行试验单元的可管可控、可以实施的项目要求。又以全机技术集成单元为例,初步总体技术方案中涉及的飞机技术应该是编制的具体依据(具体结构,参见图 3)。

4.3 确定工作分解结构的结构布置后,编制具体的单元说明

在具体的单元说明中,讲清楚应完成的任务、主要输入、主要输出、相关的工作分解结构单元。按项目的研制程序,在应完成的任务、主要输入和主要输出的内容部分,划分为立项论证阶段、可行性研究阶段、总体方案论证/联合概念定义阶段、初步设计/联合定义阶段、详细设计阶段、全面试制/试验阶段、试飞取证阶段、批生产与产业化阶段等 8 个主要阶段。

4.4 工作分解结构,应该和产品分解结构一起使用

产品分解结构将项目的核心产品、产品结构和产品研制要求给定义了,同时,各相应工作分解结构的单元,把产品的研制程序和实现途径给定义了。两个匹配在一起,相互说明,是两个配套的项目主要文件。

5 产品分解结构和"以产品分解结构为基础的工作分解结构"的项目应用经验总结

在项目中,产品分解结构和工作分解结构的作用非常明显,具体的应用经验如下所述。

5.1 产品分解结构和"以产品分解结构为基础的工作分解结构",解决了民机项目的组织、管理和决策的问题

通过产品分解结构和工作分解结构,把整个飞机项目分解为功能单一、结构简单、易于实现的工作包,并通过项目的集成和测试,完成整个民机项目的交付。这样,就把项目实现管理上的难度,显著地降低了。

5.2 产品分解结构和"以产品分解结构为基础的工作分解结构",反映了产品研制的管理隶属和产品集成的关系

由于产品分解结构和工作分解结构是以产品维度进行分解的,在具体编制中,参考了 ATA100 和 ATA2200,反映了产品研制的管理隶属和产品集成关系。在项目实施中,产品分解结构和工作分解结构是重要的任务分解维度和产品集成的关

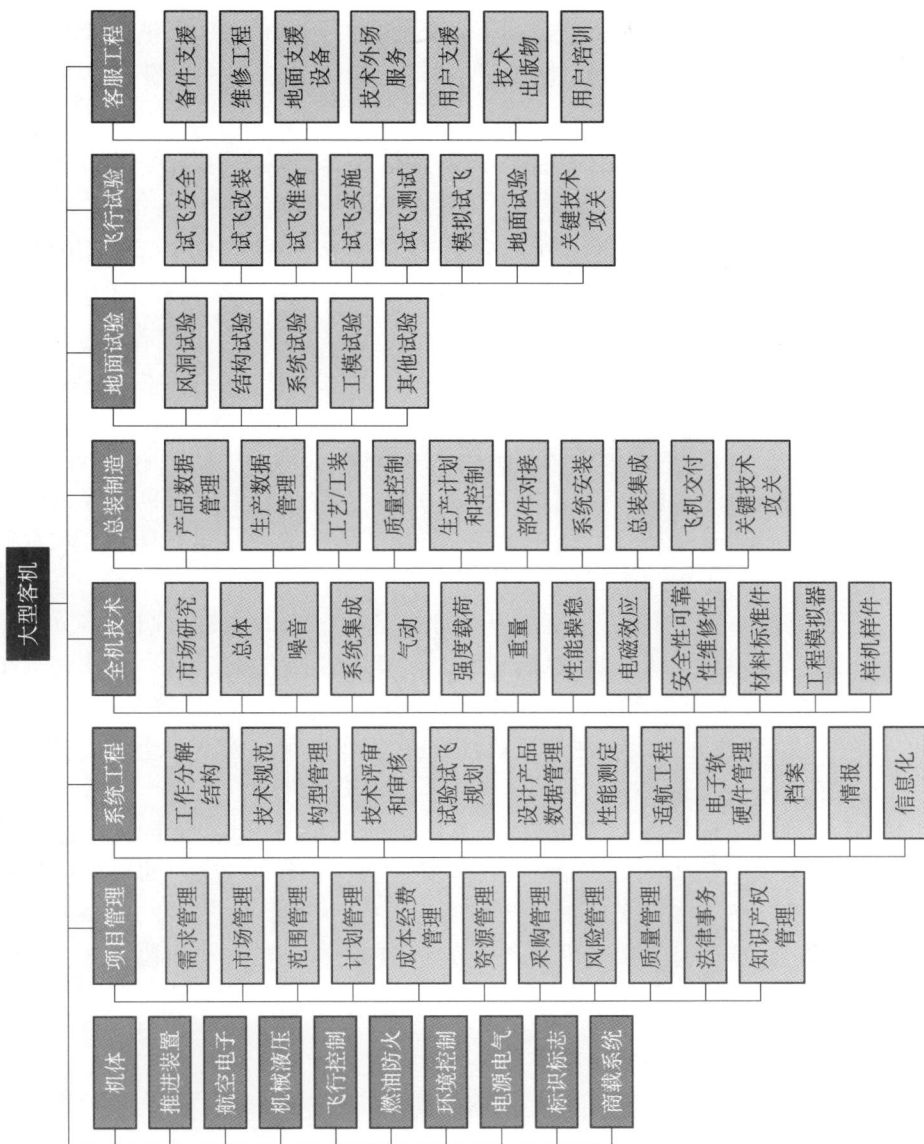

图 3　工作分解结构的顶层要素（产品寿命周期维度）

系,在技术管理中较为重要。

5.3 产品分解结构和"以产品分解结构为基础的工作分解结构",可以据此搭建项目组织

在项目研制中,由于通过工作分解结构,能够分析出有哪些工作包。因此,在工作分解结构的基础上,安排团队来完成项目各工作包的研制任务。团队和工作包的关系,是一对一或和一对多的关系,团队有明确的规范要求、完成研制工作包的责任和团队目标。

5.4 产品分解结构和"以产品分解结构为基础的工作分解结构",可以据此编制进度计划和经费预算

在分析工作分解结构的基础上,可以采用工程法、参数法、类比法等典型的测算方法,来估计项目预算和项目阶段的时间区间。有了工作分解结构和工作团队,就能开展可行性研究和项目实施的工作。

6 展望

应用基于产品分解结构的民机研制工作分解结构,是集成产品团队、年度计划、项目经费的编制依据,是基础性的项目文件。在项目中,这两个文件也是经济性评估的基础文件。目前,这个项目已顺利地实现了总装下线的项目里程碑。在项目实施中,项目计划也达到了很高的实现率。

可以展望,在项目的早期,可以应用基于产品分解结构的民机研制工作分解结构的方法,在立项和可行性研究阶段,编制工作分解结构的项目文件,直接支持立项和可行性研究的项目工作。在每一个转段评审阀,都要进入工作分解结构,来评估项目的进展程度。转段时的经济性的评估,也是在工作分解结构基础上的。这些应用,是工作分解结构最重要的应用领域。

当然,工作分解结构的编制方法很多,对民机研制项目来说,坚持以产品为导向、坚持以项目集成产品团队为编制基础、坚持"主制造商-供应商"的民机研制机制,就应该把产品分解结构定义的项目产品工作包作为项目的主体部分。相应地,就应该在编制工作分解结构时,采用以产品分解结构为基础的民机研制工作分解结构的编制方法。

参 考 文 献

[1] 邬斌. 飞机型号项目工作分解结构编制方法探讨[J]. 民用飞机设计与研究,2012,B11:191-194.

[2] AIR TRANSPORT ASSOCIATION OF AMERICA. ATA Specification 100-Specification for Manufacturers' Technical Data [S]. Originally Issued June1, 1956, Reissued January 8,1999.

飞机智能健康管理效益研究

吴　骥　谢加强

（中国商飞上海飞机设计研究院，上海　201210）

摘要：飞机的经济性一直是商用飞机设计考虑的重要因素。飞机智能健康管理可以为制造商、供应商和运营商带来巨大的效益。本文从燃油消耗、停机时间、维修、备件、重量等多个方面研究飞机智能健康管理所产生的价值效益。

关键词：智能健康管理；监控；经济性；效益分析

Research on Benefits Analysis of Aircraft Intelligent Health Management

Wu Ji　Xie Jiaqian

(China COMAC Shanghai Aircraft Design and Research Institute，Shanghai 201210)

Abstract：Aircraft economical efficiency is an important factor considered in commercial aircraft design. Aircraft intelligent health management can bring enormous benefits to manufacturers，suppliers and operators. This paper discusses economic benefits based on aircraft intelligent health management from fuel saving，ramp time，maintenance，spares，weight and etc.

Key Words：intelligent health management；monitor；economical efficiency；benefit analysis

0　引言

随着民用飞机的复杂性、信息化和综合化程度大幅度提高，飞机的保障也由传统的定时维修逐渐转变为通过信息获取、处理和传输做出保障决策的方式，这是飞机智能健康管理的重要组成部分[1]。飞机智能健康管理可以提高飞机系统可用性，降低维修成本。众多行业将智能健康管理应用于供应链管理、产品设计、技术服务、维修、生产制造和管理策略等，取得了显著的收益。本文对飞机智能健康管理在各方面产生的效益进行了探讨。

1 飞机智能健康管理概述

"智能化"是现代先进民机发展的一个基本趋势，也是新型号商用飞机取得商业成功的重要条件。当前，飞机已经将智能化设计作为飞机重点发展的技术方向之一。其中飞机系统/机载设备失效探测与健康管理设计是飞机"智能化"的核心内容之一。

飞机健康管理是飞机智能状态管理是飞机健康管理系统的机载部分，它是指在飞机上利用尽可能少的 BIT 和传感器，来采集飞机各系统（甚至结构）的各种状态数据信息，在此基础上凭借各种智能化的手段和方法来诊断飞机自身的健康状态，并在故障和失效发生前作出有效的预测，有效地为飞机的综合保障、视情维修和运营安全管理提供机载信息和决策支持的一种机载信息管理体系和技术手段。

2 飞机智能健康管理在各方面的效益

2.1 降低运营的燃油成本

飞机智能健康管理在飞机上的运用总的来说能够降低运营的燃油成本。民航运营者因飞机的系统或部件意外失效而造成的返航和备降，会产生不必要的燃油损耗（而且也会因此造成其他高昂成本），从而导致效益损失（如航班取消）。如果某个失效的系统是机内的冗余系统，剩下的单系统也可能因此退化，可能会引发随后的返航备降。飞机智能健康管理具备的实时监控和预测能力能减少任务的终止和返航而节约燃油消耗及其带来的一系列成本[2]。

2.2 提高识别缺陷组件的准确性

在民用飞机的运营过程中，良好的潜在缺陷部件诊断意味着更少的更换，可以有效地降低误换件的数量。飞机智能健康管理能带来的一系列成本节省还包括减少飞机维修次数，减少飞机停机时间和提高飞机利用率[3]，减少在返修车间测试部件的工作。而且，随着误换件率的减少也降低了周转件的库存量。如果飞机智能健康管理能减少双冗余设计，也能节省相关成本。因为从机队的角度来说，飞机智能健康管理可为整个机队节省总部件数量是十分可观的。如果机队的 LRU 库存费用可以降低 5%～10%，必将产生巨大的收益。成本-收益分析的挑战是决定有多少部件可以受益于飞机智能健康管理和计算库存的减少量。

2.3 监控性能下降趋势和采取早期纠正措施

通过飞机智能健康管理的监测功能能够对部件采取及时干预和维护工作从而充分利用部件的全寿命周期。除此之外，还能减少二次损伤及减少在失效发生后所必需的补救性维修。通过维修历史的统计可以为此类的成本-效益计算提供必要的数据[4]。

2.4 减少支援成本

在商用飞机的销售中,大部分的交易需要提供可靠性、性能和燃油消耗保证。而通过可靠的飞机智能健康管理可以有效地降低相关保障的成本,保障团队能够以较低的成本进行保障活动。近些年来,越来越多的飞机销售都包括了 OEM 提供的服务和支持。全面的支持和服务承包方式已在商用飞机领域开始普及。飞机智能健康管理已经被证明可以直接降低每小时飞行成本。供应商和用户的报告显示其能降低 3%～8% 的成本,这对于动则数十亿元采购数目十分可观[2]。因此,强大的飞机智能健康管理可以通过实体服务的销售直接产生收益。通过飞机健康管理监控机队数据辅助维修和没有飞机健康管理信息的情况下进行传统维修是相对独立的。因此,对整合了飞机健康管理的飞机来说,要谨慎地对待外包给第三方的数据,并对这些数据进行审查和分析。

2.5 对时寿件的影响

飞机智能健康管理对时寿件的影响也是有益的。下面以起落架为例子展开阐述。起落架重着陆的判断通常取决于主观因素,由机组或驾驶舱负责汇报。在没有实际数据记录装置情况下,这些判断是基于机组经验的。如果机组报告重着陆,运营商联系 OEM,OEM 很可能请求拆卸起落架,对起落架做视情维修,分析机长报告情况,分析重着陆程度等。运营商因此需要承受更换起落架组件的费用(或在 OEM 决定下一步行动措施之前承受飞机停厂事件损失)和其他相关费用。几周后,从 OEM 取得了对于起落架状况的判断,并且很有可能会发生起落架部件被原封不动地装回去使用的情况(这种实际上不存在的重着陆的事件时常发生)。适合起落架组件的健康系统可以及时发现任何异常事件。起落架组件的智能健康管理系统短期来看会增加运营者的成本,但是通过飞机智能健康管理,OEM 和运营者可以将重着陆的严重程度(来自已知的记录数据)和实际起落架组件判断情况联系起来,快速判断和理解真正的重着陆,使得 OEM 设定的保守门槛得以放宽。此外,还有可能重新使用一些在保守时限拆除的时寿件。因而,运营商可得到从安全性考虑得出的真正重着陆事件,而不是基于主观的机组报告。总的来说,收益是可观的,除非有实际起落架失效,这时候运营商就会承受损失。同样,这也适用于飞机上任何重要部件和组件。

2.6 通过减少冗余和保守设计而减少机身系统的重量

对于所有经营者来说重量都是影响经济成本的一个重要因素。飞机智能健康管理系统自身的确会增加飞机自身重量,但是通过飞机智能健康管理系统的应用,受益系统自身的安全性得到提高,很可能减少不必要的多冗余或双冗余设计,因此减少飞机重量。通过全面的成本-收益分析,节省的重量可能会对平台上其他相关系统有益。

2.7 减少不必要的维修成本

例行维修活动会带来很多问题。对于没有状态监控的机队/飞机,例行的维修检查通常会有考虑不周的需求。所有维修活动都有一定的风险,可能会造成意外的二次损伤,如移除其他部件的位置等。对于有智能健康管理系统的飞机,潜在的问题可提前检测到,从而准确地拆卸故障件,并且减少误拆件[4]。由于这些维护活动比较复杂,维修成本的影响因素也是多样的,因此飞机智能监控系统为维修节约的成本很难量化,但受益确是肯定的。

飞机智能健康管理系统能够在检测环节中比人工更精确且准确的定位故障,从而减少航线中的维修工作[5]。对于配置智能健康管理系统的飞机,每日或计划的检查和非计划检查会比没有该系统的飞机更少。如果在分析中节省的人工时是清楚的,节约的成本就可以通过节约的工时和每小时的工资简单而准确地计算出来。飞机智能健康管理系统决策超越人工决策的效率很难量化,而且可能会由于不同的操作地点有所区别。因此,对于成本的节约的假设应保守、合理。同样,由于飞机智能健康管理系统的能力,车间维修也能因更少的 LRU 拆卸和更低的误拆件收益。飞机智能健康管理系统的能力使得备件库的数量和种类都可以有所降低,但计算实际受益也不容易。总的来说,飞机智能健康管理系统的运用可以通过减少不必要的维修从而降低航线/车间维修人工时和 LRU 返回检查/检测的概率人工时。

2.8 减少延误、返航和意外的部件更换

燃油的节省和降低空中返航的次数已经在本文开始进行了讨论。飞机智能健康管理系统的更主要效益是减少计划的中断,包括出发/抵达延误及会导致更大损失但可能更频繁的备降/返航。对于民用飞机运营者来说,飞机备降带来的损失是非常大的。因为要更改航线可能涉及乘客住宿等问题。转航飞机的盈利就会丧失,而且派送维修人员和相关的更换件来修复飞机非常耗时耗钱[6]。举例来说,1 个小时的延误可能会需要用 8 个小时的航程来弥补。要精确确定该成本有一定的困难,但是至少应列举出这些影响因素,以便于在做决策时将该比重加上。民用航空中,增加飞机每天利用率或者是减少机组规模来满足同样的飞行时间表意味着更高的收益。总的来说,飞机智能健康管理系统可以使维修最少化,且能在最适当的时机执行维修工作,以及避免失效引起的连锁反应。

2.9 降低备件成本产生的各种费用

由于飞机智能健康管理系统更精确地预测和降低了设备、零部件和材料使用率和流动率,使建立备件库的成本得以缩减。不可否认的是,由于飞机智能健康管理系统充分监测和预测的能力,某些特定部件的存量可能会偶尔升高从而增加一定的成本。但由于可以更准确地预测消耗率,减少了飞机延误次数或意外维修反而带来了收益。总的来说,虽然特定部件的成本增加了,但因为机组不需要等候零部件的

到货反而提高了飞机的利用率,从而节省了总成本。

　　飞机智能健康管理系统对于维修设施和设备的成本收益影响可能在其运行1~2年中才能显现,但其降低的维护成本确是实实在在且并可以衡量的。例如,由于飞机智能健康管理系统的运行,使得测试台或维修人员得以缩减。因此,建议在进行成本-效益分析开始时就列出这些潜在节省的空间。

　　总的来说,飞机智能健康管理系统能减少备用设备、零部件和材料储备;减少各维修级别的维修设施和设备及其产生的一系列费用。

3　总结

　　飞机智能健康管理系统虽然从短期来看确实会增加运营商的成本,但是从长远的角度来看,可以减少维修成本,减少运营成本,增加可用性,有效提高可靠性。飞机智能健康管理系统也可以有效减少供应商制造成本,并通过附带服务产生额外销售。因此,对于供应商和运营商来说,飞机智能健康管理系统都可以为其提供巨大的效益。

参 考 文 献

[1] Benedettini O, Baines T S, Lightfoot H W, et al. State-of-the-art in integrated vehicle health management [M]. IMechE Vol. 223 Part G: J. Aerospace Engineering, 2009.

[2] SAE ARP6275 - 2014 Determination of Cost Benefits From implementing an integrated vehicle health management system [S]. SAE International, 2014.

[3] Williams Z. Benefits of IVHM: an analytical approach [R]. In Proceedings of the 2006 IEEE Aerospace Conference, Big Sky, Montana, USA, 4 - 11 March 2006, paper no. 1507.

[4] 张宝珍. 国外综合诊断、预测与健康管理技术的发展及应用[J]. 计算机测量与控制, 2008, 05: 591 - 594.

[5] 张万英. 基于飞行数据的故障预测与健康管理系统研究[D]. 青岛科技大学, 2014.

[6] 尉询楷. 航空发动机预测与健康管理[M]. 北京: 国防工业出版社, 2014.

飞机智能健康管理成本研究

谢加强　吴　骥　马安祥

（中国商飞上海飞机设计研究院，上海　201210）

摘要：飞机智能健康管理是未来智能飞机发展的重要组成部分。在设计和实施飞机智能健康管理的方案时，其中的一个重要环节是进行成本分析，以避免各种不必要的花费。本文从飞机智能健康管理功能实现的角度对不同的成本元素展开了分析，旨在为设计者在做成本-效益分析和技术方案时提供参考。

关键词：飞机；智能健康管理；成本；效益

Cost Research of Aircraft Intellectual Health Management

Xie Jiaqiang　Wu Ji　Ma Anxiang

（China COMAC Shanghai Aircraft Design and Research Institute，Shanghai 201210）

Abstract：Aircraft Intellectual Health Management（AIHM）will be one of the most important features in the future aircraft. Cost and benefit analysis is an essential step to avoid unnecessary spending during the AIHM design and implement. This paper explores various cost elements from the points of function implement of AIHM with the aim to provide considering points for the designers when doing the cost-benefit analysis and establishing the AIHM scheme.

Key Words：aircraft；intellectual health management；cost；benefit

0　引言

　　飞机智能健康管理是指应用各种先进的技术（包括工程设计、通信、传感器技术）来获取对象（包括系统、设备、结构）状态信息，包括实时状态和预测状态，并运用这些信息来支持和提高运营决策，支援行动和一系列的保障措施[1]。当前运营的先进的飞机，如波音公司的 B787 系列，均具备了一定程度的飞机状态实时监控能力，是飞机智能健康管理的体现。飞机智能健康管理的运用为各方都带来了良好的收益。国内的飞机智能健康管理的研发流程和技术尚处于初步阶段。为表明飞机智能健康管理项目的必要性，进行成本-效益分析是十分有必要的，成本-效益系包含了成本和效益两部分的内容，本文从成本的角度出发，探讨了飞机智能健康管理在实施和全寿命周期内的成本元素。

1 飞机智能健康管理功能构架

目前的飞机智能健康管理功能构架基本上遵循了 OSA - CBM/ISO13374 - 1 构架,如图 1 所示。在这一模型中,数据采集(DA)、数据处理(DM)和状态检测(SD)提供了低等级、适合特定应用场合的功能。在最低等级,DA 模块将传感器输出转化为数字化数据;DM 模块执行对原始测量数据的低等级信号处理;SD 等级则支持对于标准运行状态的建模以及故障异常的检测。健康评估(HA)、预测评估(PA)以及决策生成(AG)则根据目标系统的健康状况为工作和维修人员提供决策支持。HA 功能提供故障诊断和健康状态评估功能;PA 等级则根据当前数据、映射的使用载荷预测健康状况,并计算剩余有用寿命。最后,AG 模块提供目标系统健康相关的可操作信息。在飞机智能健康管理的这些功能的实施过程中,每一个功能模块都会有相应的成本考虑,本文第 2 节着重对这些功能模块和与这些功能实施相关的成本元素进行分析。

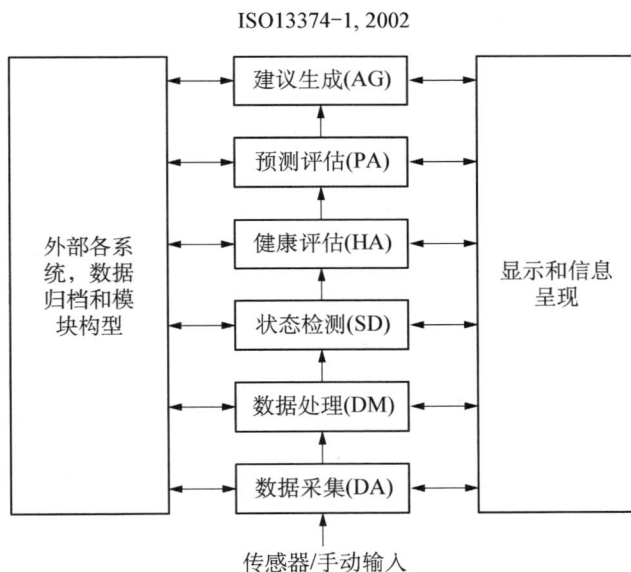

图 1 ISO 13374 飞机智能健康管理功能[1]

2 飞机智能健康管理功能实施的成本元素

2.1 重量影响

在设计飞机智能健康管理系统时,将其可能引起的飞机重量变化作为成本考虑的切入点是成本-效益分析中重要的手段。表1是实施健康管理系统时的重量影响预计和相关成本影响预计的例子[2]。表中的这些影响等级大部分是基于定性的估计的。因此，表中的内容和范围在实际的评估中应有所取舍、增加或重新衡量。另外，在某些情况下，如波音公司的 B787 系列飞机，由于使用了嵌入式的碳纳米管，传感器实际上是可以减轻结构材料的重量的，其相关的影响也会和表1中列出的普遍情况有所不同。

表1　飞机智能健康管理系统实施成本和重量影响

元素		重量影响	成本影响		
			改装	新研发	
			一次性成本	一次性成本	持续成本
机上	传感器	高	高	低	中
	传感器接口和支架	中	高/中	中/低	中/低
	布线	高	高	低	中
	信号处理/供电	高	高	中	低
	数据捕捉硬件	高/低	高/低	中	中
	机身接口	低	高	低	低
	软件	低	高	低	低
	测试	N/A	中	低	N/A
	适航认证	N/A	中	低	N/A
机身系统	信号处理/供电	高	高	低	低
	发动机接口	中	高	低	低
	数据捕捉硬件	高	高	低	低
	数据存储（硬件/软件）	高（硬件）/N/A（软件）	高	低	低
	数据分析（硬件/软件）	高（硬件）/N/A（软件）	高	低	低
	飞行中数据传输	高	高	中	高
	地面数据传输	中/低	中	低	低
	测试	N/A	高	高	N/A
	适航认证	N/A	高	高	N/A

（续表）

元素			重量影响	成本影响		
				改装	新研发	
				一次性成本	一次性成本	持续成本
机下	地面系统	数据接收	N/A	中	中	低
		数据解码	N/A	中	中	低
		数据分解	N/A	中	中	低
		数据存储	N/A	中	中	低
		数据分析	N/A	高	高	中
		数据传送到终端使用者	N/A	高	高	低
		系统升级	N/A	中	中	中
		系统维修	N/A	低	低	低

2.2　数据产生和采集成本

飞机智能健康管理系统的原始的数据来自于各子系统部件（例如，控制器和传感器），如果已经具备获取这些数据的传感器，尽可能采用这些数据可以降低成本和系统的复杂性并提高健康管理系统的效率。需要检测和预测的各个系统的故障模式很可能需要增加一些额外的传感器。增加传感器往往意味着要增加额外的重量，包括传感器自重、安装的支架、布线和记录数据装置等。除此之外，由于传感器的可靠性可能比其监测的系统差，使得系统的可靠性降低并增加维修成本。在有些时候，加装传感器并不实际，这时候以飞机智能健康管理为支持的 CBM 策略就会转移到定时维修上。可见，尽可能地采用系统现有传感器并尽可能地减少仅用于飞机智能健康管理系统的传感器数量可节约大量的成本。后期改装传感器的成本和难度往往比在飞机设计开始时就对其进行设计。在民用飞机设计中，如果在开始设计时就进行更改要花费 1 单位的成本，那么在地面测试时进行更改的话就要花费 10 个单位的成本，在客户试飞进行更改的话则要花费 100 个单位的成本，而在飞机进行运营之后才进行更改则要花费 1 000 个单位的成本[2]。

2.3　数据记录成本

飞机智能健康管理其中的一个功能是对整个飞行的周期性数据进行记录和捕捉，不同记录的频率则对成本有不同的影响。飞机智能健康管理系统方案中的捕捉、存储、缓冲和发送数据的能力会因不同的机型或用途而有所区别。举例来说，公务机大约有 63 000 条与飞机智能健康管理相关的参数信息，而在大型远程民机则更多[2]。因此,有需要考虑数据记录全部数据的成本,实际性和优化记录数据频率。由于初步处理数据的机载处理器会增加系统的复杂性等,也需要对其成本进行考虑。可见,飞机智能健康管理系统的数据记录不能单单追求大而全,出于成本考虑的折中是十分有必要的。另外,还需要对飞机智能健康管理系统记录的数据在机上存储的时间进行考虑,也需要对其数据存取能力的未来需求进行预计。从上述可见,确定数据记录需求是优化飞机智能健康管理系统和控制其成本非常重要的一个环节。

2.4　数据格式兼容能力成本

在飞机智能健康管理系统的设计过程中,应注意不同系统的数据和硬件的兼容的问题。在飞机智能健康管理系统装机运行后,也需要清楚该问题如何对成本产生影响。不同的供应商会提供的不同的传感器和数据处理器;在这过程中,不同的数据格式很可能导致兼容问题,造成额外的访问成本。如果这些数据格式是专有的,地面健康管理系统就需要采购额外的译码软件,或者规定所有的传感器/处理器供应商以约成的格式提供数据,使得这些数据能够与地面站软件兼容。因此,产生的数据格式是否与机载健康管理集成处理器兼容导致的成本是有所区别的,这在设计和成本考虑时要注意。

2.5　机上和机下分析的成本

对于飞机智能健康管理系统来说,越多的分析工作在机上进行,传输到地面的数据就更少,因此可减少数据传输成本并提高响应速度。但由于机上软硬件的装机成本和升级成本,在机上处理数据的成本远比在机下(地面)处理的成本高昂。在机上处理数据的响应速度虽然远比地面快,但仍需在机上保留这些数据供后续的下载。无论是机上还是机下处理分析数据,都需要控制机队飞机之间的软硬件构型。通常来说,机载软件的升级认为是较大的更改,很可能涉及适航认证问题[4]。机下的软硬件更改则比较简便和低成本。在有些情况下,由于地面站可以获取整个机队的信息,其能提供更好的分析处理方案。

2.6　平台集成成本

在机上设备集成健康管理系统时,需要考虑其对该系统及飞机的影响。在航空工业中,系统增加 1 kg 的重量,飞机重量相应会增加 4 kg[2]。另外,健康系统的引入也会影响软件的适航认证问题。因此,适航认证问题和重量增加带来的成本需要在设计中注意考虑。

2.7　通信成本

飞机智能健康管理的数据如何传输也会影响成本。假设现有的通信系统有足够的带宽满足健康管理系统传输是不明智的,所以有必要给飞机智能健康管理的数据传输限定带宽。此外,还需要考虑数据下载的频率。下载的频率有近乎实时的下载(花费比较大),飞行前下载,每天下载或者每周下载。一般而言,下载频率高花费相应就会比较高。另外还需要考虑不同下载方式(自动或手动)的成本。对于民用飞机来说,未来的通信的带宽可能会显著增加以满足机载娱乐的需求,这也为智能健康管理的数据传输带宽增加带来了提升潜力。另外需要考虑的是数据传输安全的问题。要确保敏感的、涉及专利的数据不被第三方取得,这需要合适的加密技术或其他方法保护数据,这些都是在通信中会涉及成本的因素。

2.8　地面站软硬件成本

地面站需要考虑确定使用软硬件来接收、译码和分析数据的类型。软硬件需求通常取决于数据分析的类型(关键和非关键)。采购、培训和维持地面站的成本需要纳入考虑的范围。大部分的地面站系统运行的是货架可用系统和软件,这能降低一定的成本。设计者有必要为确保整个飞机智能健康管理系统的安全运行采用货架可用软件,并做好向航空局证明其安全的各项工作。

2.9　数据存储和归档成本

无论是在机上还是机下存储和归档数据,都需要考虑其成本问题。机上数据存储需求直接与上述的通信策略相关。下载数据的频率越高,则机上的数据存储越少。机队数据存储的数量和存储时长也是需要考虑的问题。归档的数据可能会因为系统部件的寿命算法的改变而延迟处理。由于存储数据的成本相对高昂,数据处理系统的能力应考虑当今和未来增长的需求,为数据处理的能力留好余量,并做好独立于原来数据存储的硬件备份,由此避免后续的更改带来的一系列成本问题。

2.10　信息报送成本

飞机智能健康管理系统处理和分析过的数据及告警如何传送到终端使用者(如维修决策和飞行任务决策者)也会对成本有所影响。有独立的报送系统是集成到其他现有的系统,主动报送还是被动报送,对终端使用者产生的影响,需要对现有的支持系统进行升级还是装配新的系统来实现报送功能,这些都是成本考虑的因素。

2.11　数据安全成本

从运营者的角度来说,确保数据安全是非常重要的。在航线会经过一些可能会带来危险的国家或地区时,数据的发送和接收过程中的保密则更为重要。有的飞机智能健康管理系统方案会使用蜂窝手机技术/wifi来传输,有的则通过无线/宽频传输的能力,这些方法费用都不少,而且无论是采用何种传输技术,都需要相应的额外设施,因此会带来额外的成本。但从安全的角度来说,数据保密工作却是必须的。

2.12　软件(包括软件维修)成本

目前,随着技术的飞速发展,大多数飞机智能健康管理的硬件(包括传感器、记录器、存取器和处理器等)都是货架可用产品。而用于分析数据的软件则通常不在货架产品之列。研发可靠的、企业级的健康管理软件难度巨大且费用高昂,但没有这些软件,飞机智能健康管理的功能就无法实施。相比于硬件,即使有成熟的软件也需要对其客户化以满足不同客户的需求,客户化的成本通常也非常高昂;而且软件也可能会因客户的不同需求等级发生变化。因此,在进行飞机智能健康管理系统的设计时需要考虑这些因素以避免带来高昂的成本。

2.13　系统的可用性

飞机智能健康管理系统的可用性需求也是成本考虑的因素。具有高度可用性的地面系统花费可能会更多,但更能承担任务。较低可用性的地面系统花费可能少些,但可能会导致更多的非计划停机。

2.14　使用方技术支援和培训成本

技术支持和培训既是初始成本,也是经常成本。这些成本主要取决于培训的方式深度等因素,在成本实际计算中比较复杂。

2.15　持续升级成本

飞机智能健康管理系统升级的目的是适应随着机队老化出现的故障模式,以确保系统不会因为系统的老化而过时。数据分析能力的升级同样需要考虑。上述的元素也可以分配到研发、生产和维持成本的考虑中。航空系统进入运行时,很多的故障模式并不能全部明确。有些故障的模式会在运行过程中才会出现,有的故障模式则可能会在设备的寿命周期某段时间出现[5]。因此,飞机智能健康管理系统需要能够应对这些没有预估到的故障模式以满足客户的需求的升级能力,这就带来了系统的改装和升级成本。

3　结论

本文总结的飞机智能健康管理系统功能实施成本在设计中有重要的意义,可为飞机智能健康管理的设计者提供一些成本考虑的元素。不可否认的是,本文并没有覆盖飞机智能健康管理涉及的所有成本因素,例如还有额外的燃油消耗,由于虚警带来的不必要维修成本等。另外,具体的成本计算方法也不在本文阐述的范围内,这些都是有待进一步研究的问题。

参 考 文 献

[1] Paris D E, et al. A Framework for integration of IVHM Technologies for intelligent integration for vehicle management [R]. 2005 IEEE Aerospace Conference,2005.
[2] SAE RP 6275. Determination of cost benefits from implementing an integrated vehicle health

management system ［R］. SAE International，2014.

［3］ SAE ARP4176. Determination of Costs and Benefits from Implementing an Engine Health Management System ［R］. SAE International，2013.

［4］ Redding L E. A strategy formulation methodology for companies seeking to compete through IVHM enabled service delivery systems ［J］. Cranfield University，2012,5：42－52

［5］ 景博，等. 系统健康管理及其在航空航天领域的应用［M］. 北京：国防工业出版社,2014.

波音和空客单通道干线机系列化发展研究

张 洁 张 楠

（中国商飞上海飞机设计研究院，上海 201210）

摘要：波音 B737 全系列和空客 A320 全系列飞机是当前最受欢迎的单通道干线机，本文从系列化发展角度分析这两大型号的项目背景、发展历程、主要设计特色、机队和运营情况，总结在市场定位、产品特色和技术创新上的特点，探讨其成功秘诀。

关键字：单通道干线机；系列化发展；技术改进；经济性

Development Strategy for Seriation on Single-aisle Aircraft of Boeing and Airbus

Zhang Jie，Zhang Nan

（China COMAC Shanghai Aircraft Design and Research Institute，Shanghai 201210）

Abstract：Boeing 737 series and Airbus 320 series are the most popular aircrafts currently. This paper analyzes the project background, development history, design characteristics and operating situation from seriation from the standpoint of seriation, and then summarizes the characteristics of market positioning, product feature and technological innovation, exploring the reasons of popularity.

Key Words：single-aisle aircraft; seriation development; technological innovation; economics

0 引言

系列化发展是民用飞机产业的一项重要特征，它主要是指：在一个给定的时期内，民用飞机制造商陆续开发并生产多个全新的飞机，从而形成多个飞机系列；在同一系列飞机内部，又相继开发各种衍生机型。民用飞机系列化发展能够适应民用航空运输市场需求多样化的特点。目前主流的民用飞机制造商都基本形成了覆盖整个民用飞机市场的多个产品系列，并在同一系列飞机中实现了型号多样化，从而最大限度地满足各类市场需求，有力地支持各类细分市场上的竞争。

波音 B737 全系列和空客 A320 全系列飞机是当前最受欢迎的单通道干线机。本文即从系列化角度分析两大机型项目背景、发展历程、主要设计特色、机队和运营情况,总结在市场定位、产品特色和技术创新上的特点,探索其成功秘诀。

1　系列机型发展历程

波音公司 B737 全系列飞机从 19 世纪 60 年代开始研发已经经历了 4 代机型,原型机 B737 - 100/200、经典型 B737 - 300/400/500、新一代 B737NG 系列 B737 - 600/700/800/900、B737 MAX 系列,现服役机型为 B737NG 系列,第 4 代 B737 MAX 系列于 2011 年 6 月启动,并计划 2017 年首架交付。空客公司的单通道干线机,其第 1 代于 19 世纪 80 年代启动,四款机型均在役,第 2 代 A320neo 系列于 2010 年 12 月启动,计划 2015 年 11 月首架交付,(见图 1)。

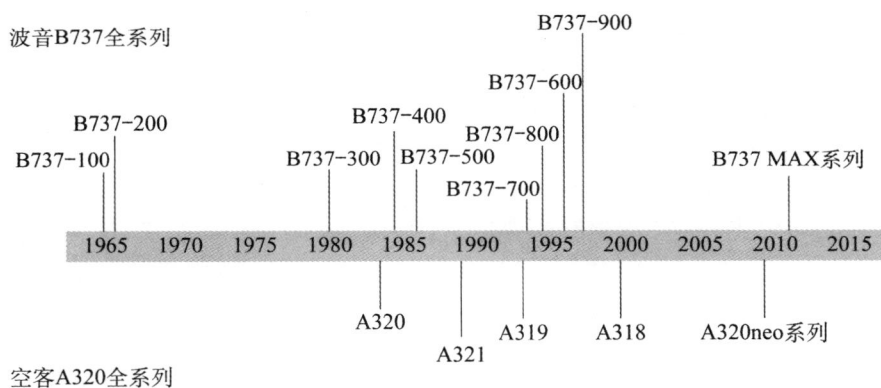

图 1　波音和空客单通道干线机项目启动时间

B737 - 100/200 飞机项目在 1965 年启动,覆盖 85～100 座级,航程 3 440 km,B737 - 200 飞机在获得市场认可的基础上发展了客货两用型和远程型,作为 B727 飞机在瘦短航线市场的补充。随着原型机在市场的良好表现,第 2 代经典型于 19 世纪 80 年代启动,座级增至 110～150,航程达到 4 100～5 300 km,标准型 B737 - 300 飞机,定位于更加经济、可靠和灵活的中短程单通道客机。

B737NG 系列产品于 1993 年 11 月启动,覆盖 110～180 座级,航程达到 5 000～6 300 km,作为改装型飞机,最先推出 B737 - 700 飞机,用于替代 B737 - 300 飞机;再通过加长推出 B737 - 700 飞机的加长型 B737 - 800 飞机,用于替代 B737 - 400 飞机;接着是缩短型 B737 - 600,用于替代 B737 - 500 飞机;最后在 B737 - 800 飞机的基础上加长机身 2.64 m,推出标准两舱布局为 177 座的 B737 - 900,但市场不佳,2005 年 7 月启动改进型 B737 - 900ER,高密度布局数达到 215 座,航程能力达到 3 200 n mile(1 n mile＝1 825 m),直接替代 B737 - 900 飞机,现已成为 B737NG 系列中主推的大座级机型[1]。

　　A320 系列产品覆盖 110～180 座级,航程达到 6 000～6 800 km,A320 飞机的推出主要是针对 B727 和 B737 原型机因机龄老化、燃油效率低下而退役所可能产生的市场空缺。作为全新设计飞机,A320 第 1 代飞机先推出基本型 A320,避开与 B737‑300 飞机正面竞争,并抢先占领 150 座级市场;再推出加长型 A321 飞机,标准两舱布局达到 185 座,载货量较 A320 飞机增加 40%;接着是缩短型 A319 飞机,其高原型改装具有优异的高原性能;最后是 A320 系列产品中最小的一款 A318 飞机(见图 2)。

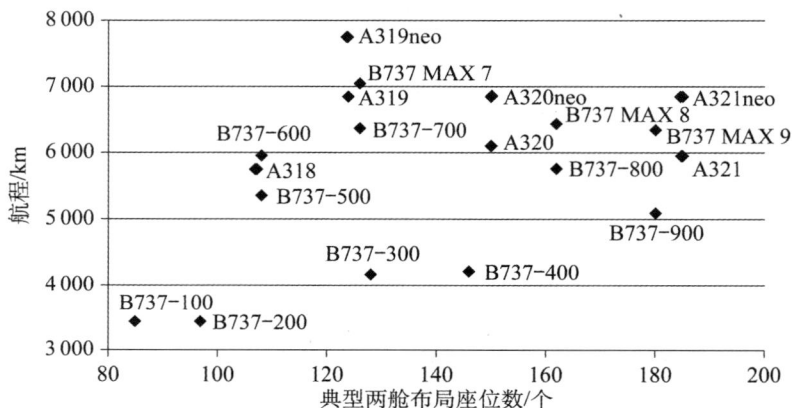

图 2　波音和空客单通道干线机座级航程图

　　B737 和 A320 全系列飞机随着发展,其座位和航程能力都相应的有所提升。最新一代 B737 MAX 和 A320neo 都仅针对 125～180 座级的机型进行换代。B737 MAX 系列是在对应的 B737NG 系列基础上,座级未变但航程能力提升 600～1 000 km。A320neo 系列是在第 1 代基础上,航程能力提升 750～900 km。尽管两个系列产品属于同一类型,但形成竞争关系的机型的座级航程并非一一对应。

2　设计特色及技术改进

　　B737 系列飞机设计注重低运营成本、高可靠性和维修性,作为新进入者,A320 系列飞机则注重技术领先、高通用性、突出的客舱舒适性和燃油效率,以特色的差异化开展竞争。两家公司均注重在提升舒适性、效率和导航性能等方面的技术创新和持续改进。

2.1　B737 系列

　　B737 第 1 代到第 2 代的主要改进为发动机由 JT8D 换为 CFM56,改进气动性能,且座级航程均有了大幅提升。

B737NG 系列秉承了传统型 B737 - 300/400/500 可靠、简单及运营成本低的优点,又对机翼进行改进,换装先进的 CFM56 - 7 发动机以增大推力、改进性能、降低维修成本(发动机维修成本降低 12%)、提升航程能力,还应用了 B777 飞机的数字化设计制造技术和 B757、B767 飞机的气动、结构、驾驶舱和客舱方面的最新发展成果。

B737NG 系列的设计改进主要体现在:①气动设计。与上一代相比,B737NG 飞机通过改进机翼设计使得机翼面积增大 25%、气动效率提升 22%、燃油容量提高 30%,融合式翼梢小翼对减少气动阻力、提高飞机性能、增加航程、降低油耗、提高残值均起到重要作用;②维修性。B737NG 系列相较于传统型维修间隔更长,A 检间隔从 250FH/31 天延长至 720FH/90 天,C 检间隔从 4 000FH/16 月延长至 7 500FH/30 月,每座维修成本较上一代降低 13%~23%;③通用性。B737NG 系列具有与传统型 B737 飞机相同的零部件、地面技术设备和地面维修设备。系列机型之间具有 98%的机械零部件通用性和 100%的发动机通用性[2]。

B737 MAX 系列飞机设计特点为"效率最高、可靠性最大、乘客吸引力最强、维修优势最大、先进技术翼梢小翼"。①效率最高:油耗和碳排放较 B737NG 系列降低 13%,宣称 B737 MAX 8 每座运营成本较未来的竞争机型低 8%;②可靠性最大:签派可靠性达到 99.7%;③乘客吸引力最强:将首次应用新一代天空内饰,拥有更大舷窗、更大行李空间、定制化 LED 照明和造型天花板;④维修优势最大:较最新的 B737NG 飞机机身维修成本降低 7%,整体降低 4.7%;⑤先进技术翼梢小翼:较目前的翼梢小翼效率提高 1.5%。

系列机型的发展需要在准确的市场定位基础上,不断技术改进以保持竞争优势(见图 3),B737 系列除了发动机从 JT8D 系列、CFM56 系列到当前在研的 LEAP 系列发动机,其他的技术改进主要在于提高导航性能、乘客舒适性和飞行性能。

2.2 A320 系列

A320 系列飞机率先引进当时最新的技术和创新措施,包括采用侧向驾驶杆、电传操纵系统、玻璃驾驶舱、燃油重力中央控制系统、第 2 代数字式自动飞行系统、复合材料机体结构等。A320 基本型强调适应性和经济性;A321 作为加长型,通过增加推力、加强机体结构、增加和移动应急出口、改进起落架和襟翼,提升座级航程,具有突出的经济性;A319 飞机则修改了后货舱,取消了前应急出口,强调机场和航线适应性;A318 飞机加长了垂尾翼尖,取消了背鳍设计,重新设计货舱门,填补了窄体机与支线机之间的座级空白。

A320neo 系列飞机设计特点为"低油耗,低运营成本、突出的货邮能力"。A319/320/321neo 较现役飞机分别增加 4/9/20 个座位,航程增加 15%,以提高盈利能力;且 A320neo 飞机较 A320 飞机油耗降低 20%、现金运营成本降低 14%,较

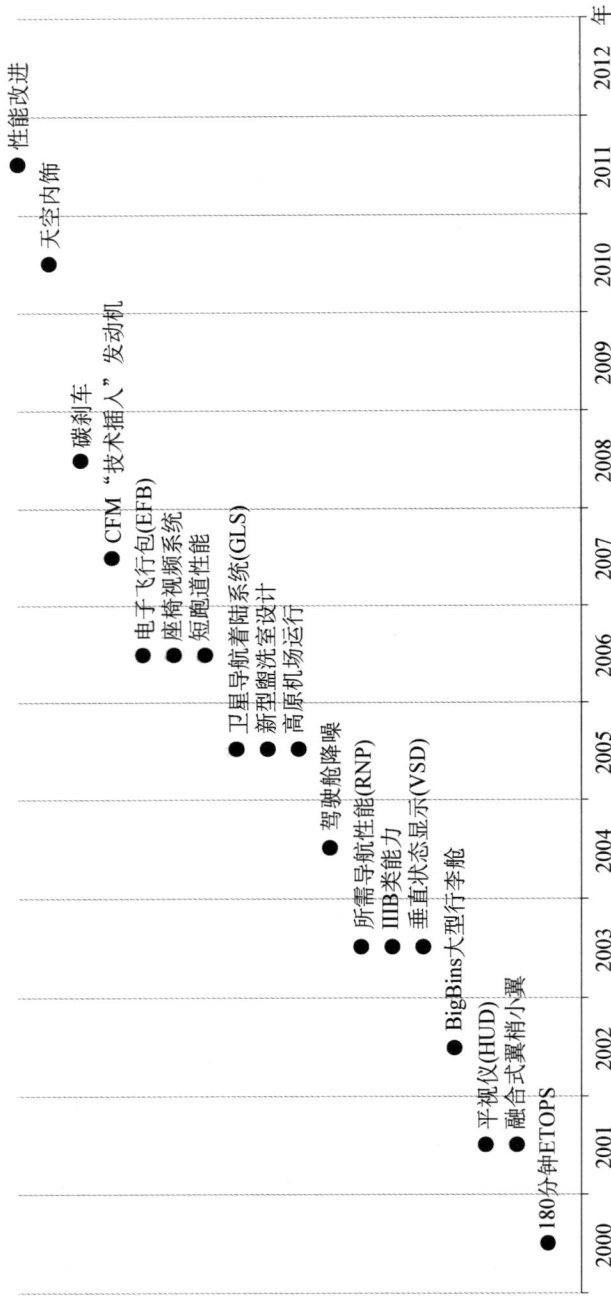

图 3　波音公司 B737 系列飞机技术改进

B737 MAX 8 飞机航段油耗低 11％[3]。

鲨鳍小翼是现役 A320 系列飞机的选装装置和 A320neo 系列飞机的必选装置，通过减弱飞行中翼梢处的漩涡气流来降低飞机气动阻力，能提高有效商载和航程、提升 4％燃油效率、提高环保性、降低发动机维护成本等。

通用性是 A320 系列飞机的一大特色，电传操纵飞行控制系统及标准化的驾驶舱是通用性的核心。A320 系列飞机具有相同的驾驶舱和操作程序，拥有一种飞行执照的驾驶员就能驾驶全系列飞机，同一支机务人员能完成系列飞机维修工作，提高了航空公司机队、航班和驾驶员调度灵活性，系列机型之间系统和部件的通用性提高了维修便利性、降低了维修成本。A320neo 系列实现与 A320 飞机 95％的机体通用性、91％的工具及地面保障设备通用性，维护差异培训仅需 6 天，飞行员培训仅需 2 h 自我培训。

A320 飞机提供两种发动机供客户选择，第 1 代的发动机为 CFM56 和 V2500，第 2 代的发动机为 LEAP 和 PW1100G－JM 系列，技术改进主要包括提升舒适性、降低油耗、提高导航性能等，如图 4 所示。

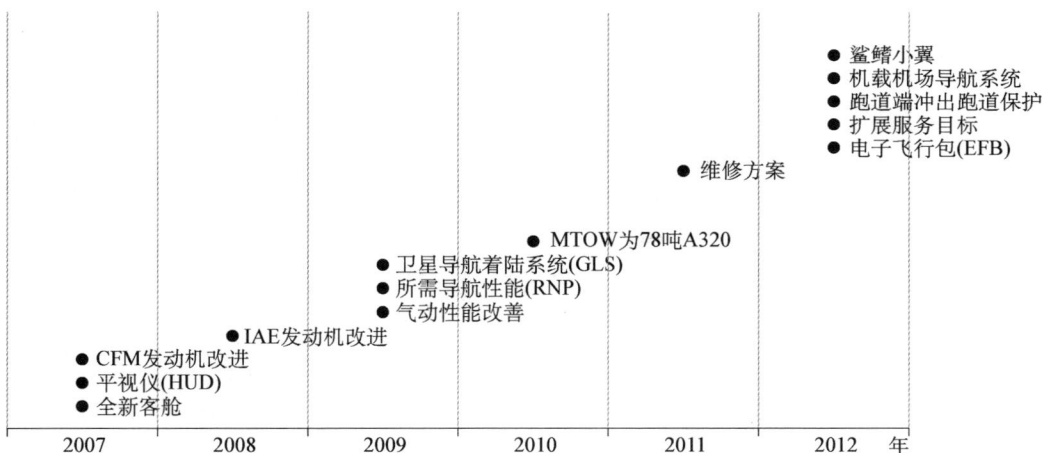

图 4　空客公司 A320 系列飞机技术改进

从波音公司和空客公司的技术改进可以看到，两家公司都主要注重提升舒适性、效率和导航性能。在提升舒适性方面，波音公司于 2005 年进行新型盥洗室设计、2010 年推出天空内饰，空客公司则于 2007 推出全新客舱设计；在提升效率方面，波音公司于 2001 年推出融合式翼梢小翼、2007 年改进发动机，空客公司于 2007—2008 年改进发动机、2012 年推出鲨鳍小翼；在提升导航性能方面，两家先后引入平视仪、卫星导航着陆系统和电子飞行包，并具备所需导航性能功能。空客公司作为新进入者，在设计之初就引入新技术和新措施，波音公司则通过一代代发展不断改进,在 2000 年后波音公司较空客公司更早引入提升效率和导航性能相关新技术。

3　国内机队及订单

2005—2014 年,国内 A320 和 B737NG 系列飞机数量整体均呈逐年上升趋势,年均增长率分别为 18.9% 和 18.6%,A320 系列飞机的机队规模略大于 B737NG 系列飞机。2015 年,A320 和 B737NG 系列飞机机队规模分别为 220 和 191 架,到 2014 年达到 2005 年的 4.8 和 4.6 倍,达到 951 和 886 架。到 2015 年 6 月底,国内 A320 系列飞机现确认订单达到 99 架,略大于 B737NG 系列飞机的 85 架,两个系列确认订单和意向订单均主要集中在基本型。

随着国内 A320 和 B737NG 系列飞机机队规模的扩大,同一系列中各机型所占比例变化较大。其中 A320 和 B737 - 800 飞机所占比例呈上升趋势,A319 和 B737 - 700 飞机所占比例逐渐减少至 19%。不同的是,A320 系列飞机中 A320 飞机机队比例达到 60%,A319 和 A321 飞机分别达到 20%;而 B737NG 系列 B737 - 800 飞机的机队比例高达 80%,B737 - 700 飞机为 20%,B737 - 900 飞机比例一直非常低。

国内窄体机整体呈年轻状态,2014 年 A320 和 B737NG 系列飞机整体平均机龄仅为 5.8 年和 6.1 年,其中机队规模最大的 B737 - 800 和 A320 飞机的平均机龄仅 5.5 年和 5.6 年。2005—2014 年,国内 A320 和 B737NG 系列飞机日利用率相当,平均为 8.3 h 左右,但均呈下降趋势,到 2014 年已不足 8 h。

4　国内运营情况分析

根据国内航空资料汇编提供的机场数据(截至 2015 年 3 月),中国民航局下属供民航客机运营的机场 202 个,其中高原机场 15 个,高高原机场 15 个。A320 系列飞机已运营机场共 178 个,机场覆盖率达到 88%,A319 飞机已运营 11 个高原机场和 15 个高高原机场,充分说明其良好的高原性能;B737NG 系列飞机已运营机场共 165 个,机场覆盖率达到 82%,B737 - 700 飞机高高原机场仅运营 3 个。在系列产品机场覆盖率上,A320 系列略胜一筹,A319 飞机能运营国内所有高高原机场,高原性能更为突出。

2014 年,1 931 条国内航线中,A320 系列飞机已运营 1 222 条,航线覆盖率达到 63%,B737NG 系列飞机已运营航线达 1 085 条,覆盖率为 56%。在一般航线、高原航线、高高原航线上,A320 系列飞机运营的航线数量均多于 B737NG 系列,特别是高高原航线,A320 系列飞机运营航线高达 49 条。

作为窄体机,两个系列飞机运营的航线平均距离相当,均为 1 100 多 km,超过 80% 的航线为 500~2 000 km。但与系列机型设计航程不同,运营航线距离呈现随飞机座级增大而增大的趋势。

5　结论

波音公司的 B737 全系列和空客公司的 A320 全系列是当前两大最为成功的单通道干线系列产品,均为定位于市场需求量最大的单通道市场,采取系列化发展提升市场竞争力、扩大市场占有率。

(1)在市场定位上,形成竞争关系的机型的座级航程并非一一对应,但 A320 系列飞机定位更为精准,主要体现在各机型现役机队比例更为合理,A319 高原型是高原航线的主力机型,系列机型座位数覆盖更广。

(2)在产品特色上,B737 系列飞机注重低运营成本、高可靠性和维修性,并且通过具备客改货能力提高运营灵活性和生命周期价值;A320 系列飞机注重技术领先、高通用性、突出的客舱舒适性和燃油效率。

(3)两家公司均注重提升舒适性、效率和导航性能等方面的技术创新,不断地将新技术应用于系列产品,以持续的产品改进保障系列产品成功,空客公司作为新进入者,A320 飞机在设计之初就引入新技术和新措施,但在 2000 年后波音公司较空客公司更早引入提升效率和导航性能相关新技术。

(4)从两个系列产品在国内运营看,机队规模、订单数量、机龄和平均日利用率及可供运力均基本持平,但具有良好高高原机场适应性的 A319 飞机表现相对突出,使得 A320 系列产品在机场覆盖率上略胜一筹。

未来 20 年仅中国地区单通道干线市场需求旺盛。波音前三代 B737 飞机在当时最受欢迎的分别是典型两舱布局数达到 97 座的 B737 - 200、128 座的 B737 - 300 和 162 座级的 B737 - 800,可见市场对单通道干线机的座位需求呈增大趋势。为获得市场成功,单通道干线机需要实现精准的市场定位、清晰的产品特色并注重技术创新。

参 考 文 献

[1] Paul, Jackson FRAeS. IHS Jane's All the World Aircraft: Development & Production 2012 - 2013 [M]. IHS Global Limited,2012 - 2013:322 - 333,742 - 748.
[2] Boeing. Boeing: The Boeing Company [EB/OL]. http://www.boeing.com.
[3] Airbus. Airbus leading aircraft manufacturer [EB/OL]. http://www/airbus.com.

基于经济性考虑的民机
水废水系统设计技术

张雪苹　雷美玲　朱　翀

（中国商飞上海飞机设计研究院，上海　201210）

摘要：民用飞机水废水系统（WWS）经济性指标部分地体现在系统运营载重上。本文从降低系统运营载重、提高经济性出发，依据航线统计数据，对航线运营所需水量进行研究，形成了基于航线运营时间需求来设定系统加水量的预选加水水位技术；同时，分析了废水处理系统中不同灰水处理方式对系统载重影响。研究结果表明预选加水水位技术和直接将灰水排出机外的处理技术可有效地避免系统运营过程中背负不必要的载重，提升了系统运营经济性。本文的研究成果可用于指导民用飞机水废水系统的研制与优化设计。

关键词：民用飞机；水废水系统；经济性；预选加水水位

The Civil Aircraft Water and Waste System Design
with the Consideration of Economy Efficiency

Zhangxueping　Leimeiling　Zhuchong

（China COMAC Shanghai Aircraft Design and Research Institute，Shanghai 201210）

Abstract：The economic indicator for the civil aircraft WWS is partly contributed by the system weight load during the flight. To reduce the system weight load and improve the system economy，this document does a research on the water fill requirement according to the flight course accounting data，then comes to a method of pre-select water fill level. At the same time，the document also analyzes the effect brought by the different grey water disposal methods on system weight load. The research result shows that the pre-select water filling level method and drain grey water out of the aircraft method could reduce system weight，improve the water usage efficiency and the system operation economy. The research of this document could provide the reference for civil aircraft WWS design.

Key Words：civil aircraft；water and waste system；economy；pre-select water fill level

0 引言

民用飞机水废水系统通过机载水箱存储并提供运营过程中所需足够量的饮用水,以满足乘客的用水需求。当今的民机研发和运营,愈发地重视对经济性的追求,在水废水系统的运用中,对经济性的追求之一则体现在合理的水箱加水水量的控制上,加水量过大,航线运营负重增加,运营成本增加,经济性降低;加水位过小,系统存水不足,系统功能丧失,无法满足飞机对于提供水的功能要求。

目前,国内尚没有对该项需求的定量要求展开研究,基于对公开文献的查阅:国内仅《飞机设计手册》中笼统地给出了各个机型的供水量信息,没有对供水量展开定量研究,且同类机型的供水量差别较大[1]。同时,飞机设计手册中所提供的供水量信息均是基于较老型号的飞机,随着航空水废水系统研制水平的发展,水废水系统的部件(例如,水龙头出水设计、马桶冲洗设计)倾向于更加节水的设计,对于同一类型的飞机,当前所需水量较之前有所降低。目前,国际上也没有相关研究的公开信息,航线供水量计算的研究尚属空白。

从现代民机绿色环保设计理念和对经济性的追求出发,本文依据航线统计数据,以典型单通道飞机为例,对航线运营所需水量展开研究,提出基于航线运营实际需求(最大飞行时间和载客人数)的预选选择加水水量的设计技术,即可选择不同加水档位,以满足不同航线运营用水需求,本技术的实施可减少系统在运营过程中背负不必要的载水量,提高载水利用率,从而达到对系统运营经济性的追求。同时,对不同灰水处理方式带来的废水系统航线运营背负重量及其经济性影响展开研究,为废水系统的设计提供参考。

本文中所涉及的经济性研究,体现在水废水系统运营载重上。因此,本文的经济性分析围绕系统运营载重展开。

1 饮用水系统经济性设计研究

1.1 加水水量技术研究

航线供水与飞机航程及载客数密切相关,供水量不足,直接影响旅客舒适性,供水量过剩,将增加飞机的重量。因此,机上供水量应按照飞机的类型、最大持续飞行时间、乘客和乘务员人数进行合理分配。本节依据航线统计经验,将对典型单通道飞机用水量需求进行研究。

水箱的加水量与飞机的飞行时间及载客数密切相关,在水废水系统设计中,通常按照如下方法来计算加水量 V_a 为

$$V_a = V_1 \times (m + n) \times T \tag{1}$$

式中：乘客人数为 n；机组人数为 m；最大持续续航时间为 T；每位乘员每小时用水量为 V_1。

以某典型的单通道飞机为例，高密度级构型下，乘客 174 名，机组人员 7 名，最大持续飞行时间 5.3 h，航线统计数据表明该典型单通道飞机每小时人均用水量为 0.18 L，该型单通道飞机高密度满员最大持续飞行时间所需水量如下：

$$
\begin{aligned}
V_a &= V_1 \times (m+n) \times T \\
&= 0.18 \times (174+7) \times 5.3 = 173
\end{aligned}
\tag{2}
$$

通过上式可知，该型号飞机在高密度级满员、最大持续飞行时间 5.3 h 情况下，需 173 L 水。

1.2 预选加水水位设计技术

预选加水水位技术的核心是使饮用水系统具备不同档位的加水功能，其宗旨是在航线运营中依据航线的实际需求，在航前为水箱选择合适的加水量。本节将基于第 1 章加水水量研究结果，对预选加水水位设计技术展开研究。

在此，考虑到对某一固定机型、固定航线的最大载客能力，默认研究机型为高密度级、满员，依据式(1)可知所需水量与最大持续飞行时长呈线性相关。图 1 为不同最大飞行时长对应的加水档位信息。

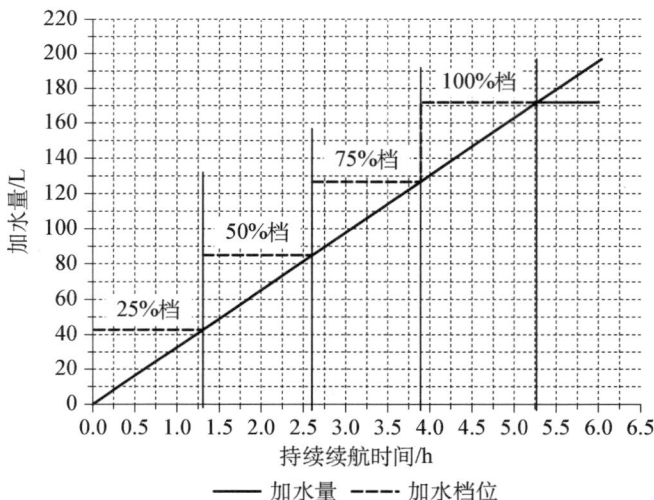

图 1 某典型飞机高密度级满员最大飞行时长与所需水量信息

图 1 中，在高密度级满员情况下，根据不同时间的飞行需求，可将所需加水量分为 4 档：FILL FULL（加 100%）；FILL 3/4（加 75%）；FILL 1/2（加 50%）；

FILL 1/4(加 25%)。航线负责人或地勤人员可根据航线实际需求选择合适的加水档位,实现了在满足系统功能的前提下,最大化地提高了系统载水的利用率,一般建议按照表 1 推荐进行航前加水。

表 1　预选加水水位技术航前建议加水信息

序号	持续续航时间 T/h	单位时间内人均用水量 V_1/L	饮用水量需求/L	加水档位/%
1	0~1.325	0.18	43	25
2	1.325~2.65	0.18	86	50
3	2.65~4.00	0.18	129	75
4	4.00~5.3	0.18	173	100

1.3　预选加水档位设计经济性研究

选取"上海—乌鲁木齐""北京—广州""上海—北京""上海—合肥"4 条典型航线为研究对象,如图 2 所示,对预选加水水位设计的经济性展开研究。

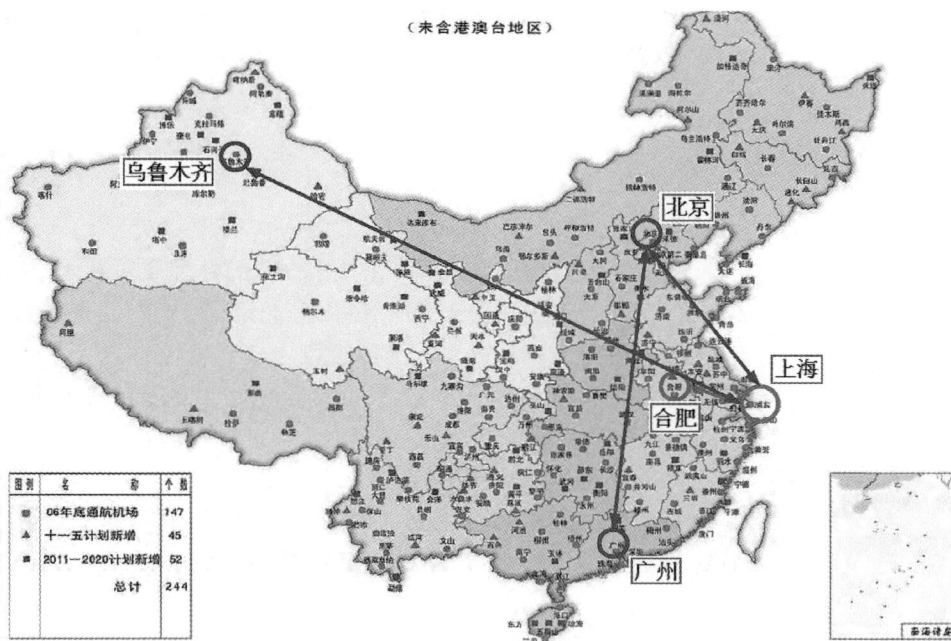

图 2　典型航线示意

通过查阅国内航空公司运营时间表可知,该 4 条典型航线所需飞行时间如表 2 所示。

表 2　典型航线所需飞行时长

典型航线	上海—合肥	上海—北京	北京—广州	上海—乌鲁木齐
飞行时长	约 1 h	约 2 h	约 3 h	约 5 h

依据典型航线飞行时长,结合表 1 所示分档加水档位信息,可得如表 3 所示的 4 条典型航线所需加水档位信息。

表 3　典型航线所需加水量信息

航线	典型航线	加水档位/%	可节省加水百分比/%	可节省运营载水量/L
航线 1	上海—合肥	25	75	130
航线 2	上海—北京	50	50	86.5
航线 3	北京—广州	75	25	43.25
航线 4	上海—乌鲁木齐	100	0	0

通过上述分析可知,对于该单通道机型,采用预选加水档位设计技术,可有效地提高运营载水量的利用率,避免飞机运营过程中背负不必要的重量,提高运营经济性。

2　废水处理技术研究

2.1　废水量计算技术

民机废水处理系统包括对废水(盥洗室马桶产生的废水)的处理及对灰水(盥洗室洗手产生的灰水和厨房产生的灰水)进行处理。废水通过废水输送管路直接排放至地板下方的废水箱内,灰水处理方式有两种:①通过废水输送管路输送至地板下方的废水箱;②通过机外排放杆排出机外。本节将对这两种灰水处理方式产生的、需存储到废水箱的废水总量进行研究。

2.1.1　马桶废水排入废水箱,洗涤灰水排放至机外

该处理方式仅需考虑将马桶废水存储到废水箱即可,在整个飞行过程中洗涤灰水均排放至机外,系统无须承担洗涤灰水带来的重量。

高密度级满员:乘客人数 n 及机组人数 m,最大持续续航时间 T 内产生的废水排放量 V_b 可根据下列方式来计算:

$$V_b = V_5 \times (m+n) \times T \tag{3}$$

式中:乘客人数为 n;机组人数为 m;最大持续续航时间为 T;每位乘员每小时产生马桶废水为 V_5。

以该典型的单通道飞机为例,高密度级构型下,乘客 174 名,机组人员 7 名,最

大持续飞行时间 5.3 h,航线统计数据表明该典型单通道飞机人均每小时产生马桶废水量为 0.16 L,该典型单通道飞机高密度级满足最大持续飞行时间产生的废水总量如下:

$$V_b = V_5 \times (m+n) \times T$$
$$= 0.16 \times (174+7) \times 5.3 = 153.5 \text{ L}$$

(4)

2.1.2　马桶废水及洗涤灰水均排放至废水箱

民用飞机在整个航线中所产生的灰水总量通常按照实际使用饮用水量的一半来计算,因此,对于该灰水处理方式,需排放到废水箱中的废水总量 V'_b 可按照如下方式进行计算:

$$V'_b = V_b + 0.5V_a$$
$$= V_5 \times (m+n) \times T + 0.5V_a$$

(5)

以该典型的单通道飞机为例,高密度级构型,乘客 174 名,机组人员 7 名,最大持续飞行时间 5.3 h,航线统计数据表明该典型单通道飞机单位时间内人均产生马桶废水量为 0.16 L,该典型单通道飞机高密度级满员最大持续飞行时间内产生的废水总量如下:

$$V'_b = V_b + 0.5V_a$$
$$= 153.5 + 0.5 \times 172 = 239.5 \text{ L}$$

(6)

2.2　废水系统设计经济性分析

通过 2.1 节可以看出,将灰水排出机外的处理方式可以有效地降低在飞行过程中系统运营负重,本节仍以图 2 所示 4 条典型航线为研究对象,对两种灰水处理方法的经济性进行比较和分析,如表 4 所示。

表 4　典型航线废水系统设计经济性分析

航线	典型航线	灰水处理方式一存储废水总量 L	灰水处理方式二存储废水总量 L	可节省运营背负重量 L
航线 1	上海—合肥	28.96	45.25	16.29
航线 2	上海—北京	57.92	85.5	32.58
航线 3	北京—广州	86.88	135.75	48.87
航线 4	上海—乌鲁木齐	144.8	226.25	81.45

表 4 表明,对于该典型单通道机型,采用方式一来处理系统灰水,可以有效地减少整个航线运营过程中的系统背负重量,提高运营经济性。

3　总结

本文依据航线统计经验,对饮用水系统预选加水水位技术、不同灰水处理技术对系统运营经济性影响进行分析,得出如下结论:

(1)民机水废水系统航线需用水量与最大持续飞行时间、乘员数相关,依据航线统计数据形成的航线用水量计算方法可用于指导航线加水。

(2)预选加水水位设计技术能够实现依据航线实际需求进行航前加水,减少系统多余的运营负重,提高系统运营经济性。

(3)将灰水通过机外排放杆直接排放到机外的灰水处理方式可以为系统减少很可观的运营负重,尤其是对飞行时长较长的航线。但是该灰水处理方式将对环境带来负面影响(特别是对于厨房内咖啡或茶水的排放),因此,系统在设计时要综合考虑经济性及环保性等因素。

参 考 文 献

[1]《飞机设计手册》总编委会编.飞机设计手册第 11 册:民用飞机内部设施[M].北京:航空工业出版社,2002.
[2] General editorial board aircraft design manual. Aircraft design manual No. 11 [M]. Beijing: Aviation Industry Press,2002.

基于需求-供应模型的公务机市场预测

张悦焕　王　晶　陈　烁

(中国商飞上海飞机设计研究院,上海　201210)

摘要：本文考察了北美、中南美以及欧洲市场在过去 30 年间公务机机队规模与当地经济发展相关指标(购买力平价计算的人均 GDP,GINI 系数等)的相关关系,构建了一个基于经济发展、地域特性、新公务机采购、现有机队退役及转化的需求-供应机队预测模型,并依据该模型对未来 20 年(2014—2033 年)全球公务机机队规模、新增公务机数量进行了预测,从而对我国商用飞机制造在切入该特定细分市场时提供理论依据。

关键词：公务机;机队预测;需求-供应模型

Business Jet Market Forecast Base on Demand-Supply Model

Zhang Yuehuan　Wang Jing　Cheng Shuo

(China COMAC Shanghai Aircraft Design and Research Institute, Shanghai 201210)

Abstract：This paper aims to establish a quantitative demand-supply model for the business jet market utilizing the historical fleet development data in North America, South & Latin America, and Europe Market, correlated to the corresponding economic data (historical GDP per capital in PPP, GINI coefficients for specific economy bodies). This model also allows us to draw a further forecast for private jet fleet at major global markets.

Key Words：business jet；fleet forecast；demand-supply model

1　引言

1.1　全球公务机机队现状

　　公务机作为毋庸置疑的高端私用交通工具,其市场成长很大程度上得益于二战后长期稳定繁荣的世界经济。此外,区域间经济发展的均衡化、经济活动的全球化等趋势进一步刺激了公务机市场的需求。同时,全球范围内和平的国际政治环境,以及由西方发达国家主导的天空开放等航空管制缓和,则为公务机的普及降低了管制门槛,极大地解放了公务机市场的潜在需求。最后,由于新材料、新技术,以及计算机控制飞行软件性能的大幅度提升、公务机的安全性、经济型,以及便捷性也在过去的 30 年间获得了长足的改善。与此同时,鉴于公共服务领域的大众航空公司扩张而导致的机场基础设施吞吐能力的日益紧张,以及源于越来越严格的机场安检措施的实施而导致的登机时间的延长及航班准点率的降低,使得更多的高端商务旅客转而选择专用公务机出行。

在过去 30 年间,北美市场,尤其是美国市场占据了公务机市场的绝大部分份额[1]。其机队拥有量接近全球第二大市场欧洲市场机队数量的 4 倍以上。以巴西及墨西哥为主的拉丁美洲机队规模接近欧洲市场公务机数量,是全球公务机第三大市场。如图 1 所示,2012 年北美,欧洲及拉丁美洲占据了全球公务机市场的 90%以上。

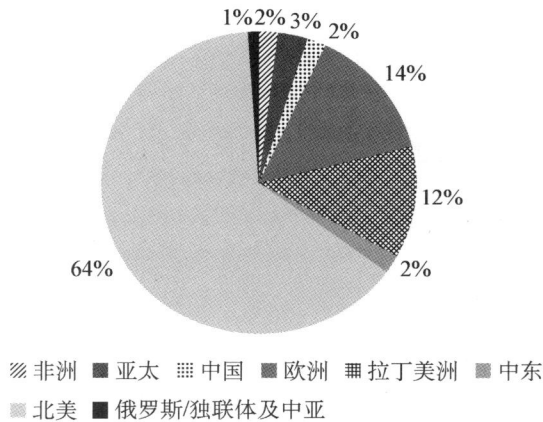

图 1　2012 年全球各地区公务机机队分布

如图 2 所示,北美市场及拉丁美洲市场的公务机规模与人均 GDP 之间的相关程度类似,在人均 GDP 超过 4 000 美元后机队数量开始迅速增加,并以人均 GDP 每增加 10 000 美元其机队总数增加约 2 200 架的速率增长。而公务机在欧洲的增长则大不相同:在人均 GDP 低于 22 000 美元时其机队数量依然维持在较低水平(低于 400 架),在人均 GDP 超过 25 000 美元之后其机队数量才开始有大幅度的提升。总体而言,欧洲公务机的增长相比北美或拉丁美洲更慢,其人均 GDP 每增加 10 000 美元仅增加约 470 架次,仅相当于北美市场的 1/4～1/5。欧洲大陆区域狭小,人口密度高且经济发展高度均衡。其公共交通十分发达。同时长期以来(特别是二战后),大部分欧洲国家推行高福利的社会分配体系,注重社会财富的公平分配,避免出现极度的社会贫富分化,在很大程度上也压制了公务机需求。

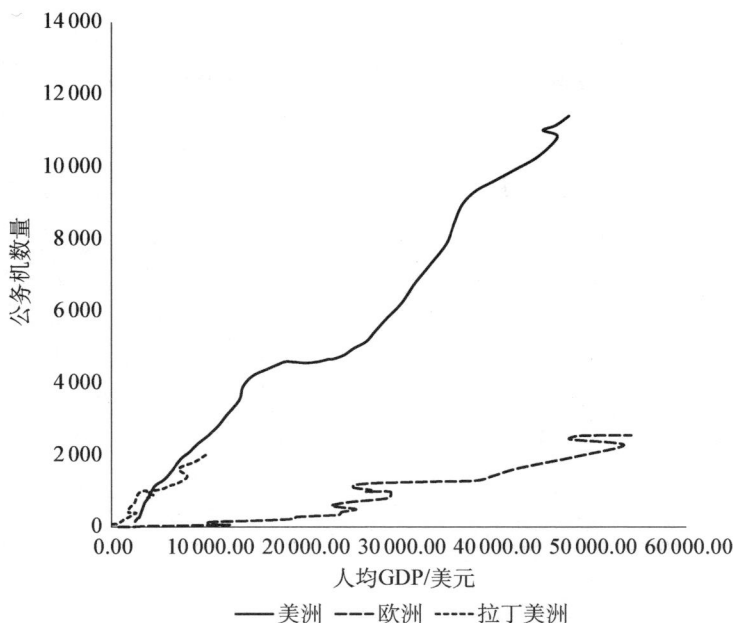

图2　全球三大主要公务机市场发展趋势

1.2　公务机发展未来趋势

随着全球经济一体化的发展,传统意义上的发达国家(北美,西欧国家)的经济增速放缓的同时,新兴经济体,特别是以中国为首的金砖国家(巴西,中国,俄罗斯以及印度)的经济获得了长足的发展,无论是经济总量还是人均GDP绝对值都已经或即将跨入一般发达国家的水平。这些新兴经济体内的地理条件、经济发展模式、社会财富分配体系在很大程度上均以美国为模型,依照美国模式而构建。这些经济体对公务机的需求,一方面因为社会财富的迅速积累(人均GDP)及相对集中(相对较高的GINI系数)的社会财富分配模式而显著抬头;另一方面,在全球经济一体化进程的强力推动之下,包括中国在内的诸多国家的航空管理当局正在酝酿不同幅度的航空管制放开政策,进一步助推公务机市场的发展。随着中国大飞机战略的展开,中国政府与民间已为民用航空制造投入了大量的人力、物力与财力。因此,了解公务机市场的特点、用户群及其独特需求、当前及未来市场规模,以及市场竞争格局,对我国的民用航空产业都具有重大的意义。

2　方法与结果

相比一般通用航空预测需要综合考虑经济发展、航空公司收益变化、旅客出行习惯变化、与飞行竞争的其他出行方式(公路、铁路)等多方面因素的影响,公务机预测相比而言要简单得多。公务机的最大用户群通常为业务繁忙、时间宝贵的大公司高管或者事业成功的专业人士,使用公务机的最大原因是其便捷性、私密性、舒适性及安全性。经济性或者收益在很大程度上不在重点考虑之列。因此,一般通用航空预测必须考虑的航空公司收益、特定航线的历史收益及未来收益预测、区域或全球经济发展驱动的航空客流变化,以及飞机座级变化等带来的 ASK(可供座公里数)变化对公务机预测几乎都可以忽略不计。

另一方面,类似于一般航空预测,公务机市场也存在快速的机队更新,事实上,公务机的更新速度大幅超过一般航空器的更新速度。因此,准确把握历史机队规模、过往的新机交付、退役(退出飞行机队)或者转化(从一个区域转卖之另一个区域,或转化载客飞行之外的业务)对公务机的预测至关重要。基于以上考虑,本文构建了基于一般航空预测的需求-供应模式的简化模型,如图 3 所示。

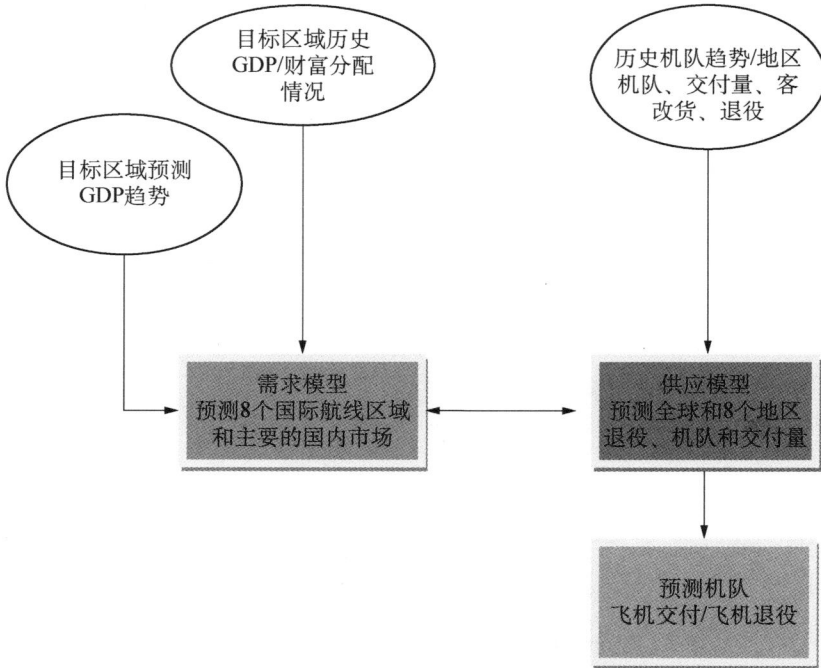

图 3　一般航空预测的需求-供应模式

2.1　需求模型

如前所述,由于公务机用户群的特殊性,一般需求模型中必须考虑的几个因素包括航线收益、可用机场跑道及时间段,以及其他竞争性出行方式(例如,高铁)都无须考虑,所以需求模型可以简化为

$$Fleet(region) = x \ln(GDP\ Growth\ per\ Capita) + y \ln(Gini\ Coeff) + z(region)$$
$$(1)$$

式中：$Fleet(region)$代表目标区域内每百万人口拥有公务机数量，其增长速度与该目标区域内人均GDP增长以及财富分配直接相关；$Z(region)$作为拟合哑元，将吸收模型中一些难以量化的区域特性（如自然环境、人口密度、可用机场密度等）。

　　严格意义上，需要对公务机市场分不同预测区域分别展开需求模型拟合。不过由于除美洲（北美及中南美）及欧洲之外，全球其他区域的公务机机队数量太少，缺乏足够的历史数据进行有效拟合，本文将这些区域人为地归入美洲模型或欧洲模型。模型中所需历史机队数据从航升公司的全球机队数据库中获得[1]，历史人口、人均GDP数据及Gini系数则从相关公共网络（联合国公开报告、世界银行公开报告获得[3、4]）。在原始数据获取过程中，作者发现全球范围内调准同意的Gini系数报告十分稀少，在所有考察区域中，只有美国拥有相对完全的该项历史数据。因此，对其他该项数据缺失的区域，则将Gini系数拟合项直接并入Z(region)不单独进行拟合。

表 1　需求模型的美洲模型及欧洲模型拟合结果

模型	美洲模型	欧洲模型
适用区域	北美、南美、中国、亚太、中东、非洲、俄国及独联体	欧洲
人均GDP敏感系数	0.231 2	0.046 5
区域特性系数	−47.401	−278.6
相关系数($r2$)	0.981 7	0.908 1

我们同时考察了不同研究机构对未来世界及各区域人均GDP增长的预期，包括世界银行、Global Insights及EIU。其中Global Insights的数据没有涵盖所有的目标区域，世界银行对未来的预估没有跨越未来20年，综合考虑后，我们采用EIU的数据对未来公务机机队的增长进行预测[5]，结果如表2所示。

表 2　2013—2033年全球8大区域内公务机机队规模预测

年份	非洲	亚太	中国	欧洲	拉丁美洲	中东	北美	俄罗斯/独联体
2012(基线)	**390**	**629**	**285**	**2 557**	**2 169**	**333**	**11 779**	**168**
2013	411	675	349	2 589	2 231	347	11 450	182
2018	**531**	**946**	**750**	**2 959**	**2 570**	**458**	**12 549**	**265**
2023	683	1 270	1 167	3 352	2 954	618	13 513	366
2028	**909**	**1 707**	**1 690**	**3 768**	**3 408**	**788**	**14 606**	**492**
2033	1 232	2 303	2 417	4 215	3 952	965	15 864	654

2.2 供应模型

通过需求模型确定未来公务机机队规模后,剩下的工作则是通过供应模型确定现有机队的退役、未交付订单执行情况,从而确定新增公务机的交付目标数目。

$$Future\ Fleet\ (region) = base\ Fleet\ (r) + Backlog\ (r) - \\ Retire\ (r) + New\ Delivery\ (r) \tag{2}$$

式中:base Fleet 以及 Backlog 的数据能够从航升全球机队中直接获得,为了获得 New Delivery 新机交付数据,还需要评估在未来现有机队的退役状况。

一般民用航空飞机均有相对稳定的寿命周期,在寿命周期内一架飞机可能转手(跨区域流转)、改做其他用途如货运(转化)、临时停飞,或正式退役。相比之下,公务机几乎不存在转化或临时停飞的情形。此外,不同于一般民用航空飞机的跨区域流转通常会延长飞机的实际使用寿命,数据显示,公务机的二手机转让通常并不会延长该飞机的实际飞行寿命。因此,我们可以将公务机的生命周期直接简化为现役与退役。

基于以上假设,我们构建了一个不同公务机(按座位或飞行半径)的历史退役直方图。横坐标为统计上的该型号公务机的使用寿命,纵坐标为该使用年限下退役飞机架数对机队总数的百分比,并通过 3 次多项式曲线进行最小二乘法拟合,获得该种型号公务机的经验退役曲线及相关系数 a, b, c, 以及 d.

$$Retirement\ \% = a \cdot Age^3 + b \cdot Age^2 + c \cdot Age + d \tag{3}$$

获得相关系数 a, b, c, 以及 d 之后,再将现有公务机机队按照服役年限及机型排序,并代入上述相关系数,计算在预测年限内这些飞机的退役数量,从而获得各预测区域内未来 20 年间公务机退役的经年变化数据(见表 3)。

表 3   2013—2033 年全球八大区域内公务机机队退役预测

年份	非洲	亚太	中国	欧洲	拉丁美洲	中东	北美	俄罗斯/独联体
2013	54	24	1	106	292	17	1 026	6
2018	**91**	**55**	**3**	**208**	**499**	**30**	**2 038**	**11**
2023	128	96	9	325	689	47	3 168	17
2028	**156**	**136**	**19**	**449**	**845**	**68**	**4 168**	**23**
2033	187	202	34	646	1 046	92	5 488	37

据此,式(2)中除新机交付外的所有项目数据均为已知,从而得到未来 20 年间公务机新机交付的数据(见表 4)。

表4　2013—2033年全球八大区域内公务机新机交付预测

年份	非洲	亚太	中国	欧洲	拉丁美洲	中东	北美	俄罗斯/独联体
2013	75	70	65	138	355	30	696	20
2018	**232**	**372**	**468**	**610**	**900**	**155**	**2 808**	**108**
2023	421	737	891	1 121	1 475	332	4 901	215
2028	**675**	**1 214**	**1 424**	**1 660**	**2 084**	**523**	**6 995**	**347**
2033	1 029	1 876	2 167	2 304	2 828	724	9 573	523

3　讨论

在未来20年内,全球公务机的分配也将发生显著变化。北美市场将从2012年的64%市场占有率降低到2023年的56%,并进一步降低到2033年的50%。同时中国市场将从2012年2%的市场占有率提升到2023年的5%,并进一步提升到2033年的8%。全球机队的总数量也将从2012年的18 310架大幅提升之后2033年的31 602架,年均复合增长率(CAGR)约为2.79%。

北美市场依然是全球公务机市场的最大市场。预计北美公务机机队将从2012年的11 779架增长到2023年的13 513架,以及2033年的15 864架。同时由于现有机队的退役,其到2023年新增交付将达到4 901架,并在接下来的10年实现新增交付4 671架。其所占全球机队市场份额则将从2012年的64%依次降低到2023年的56%和2033年的50%。

欧洲仍将维持其全球第二大市场的位置不变。预计欧洲公务机机队将从2012年的2 557架增长到2023年的3 352架,以及2033年的4 215架,复合年均增长率为2.47%。同时由于现有机队的退役,其到2023年新增交付将达到1 121架,并在预测期内第二个10年实现新增交付1 183架。

拉丁美洲仍将维持全球第三大公务机市场地位并进一步缩小与欧洲机队规模的差距。预计拉丁美洲公务机机队将从2012年的2 169架增长到2023年的2 954架,以及2033年的3 952架,复合年均增长率为2.90%。同时由于现有机队的退役,其到2023年新增交付将达到1 475架,并在预测期内第二个10年实现新增交付1 354架。

虽然在历史上中国几乎没有真正意义上的公务机机队存在,在过去30年的改革开放,以及过去20年的经济高速增长在很大程度上改变了中国社会的经济格局。多种经济所有制体系的同时存在,国有及民间经济比重的进一步调整,以及航空管制的进一步缓和,国内外贸易的蓬勃发展,都为公务机市场的起步奠定了基础。事实上,从2009到2012年的3年间,中国已经见证了公务机市场的快速增长。预计中国地区公务机机队将从2012年的285架增长到2023年的1 167架,以及2033年的 2 417 架,复合年均增长率为 10.15%。同时几乎无机队退役,其到 2023 年新增交付将达到 891 架,并在预测期内第二个 10 年实现新增交付 1 275 架。从 2023 年开始,中国即成为全球第四大公务机市场,并在 2033 年进一步过大其全球市场份额至 8%。

亚太区域有望成为全球公务机机队的第五大市场。包括日本,韩国、新加坡、中国香港、中国台湾的经济发达国家或地区,以及印度、泰国、越南、印度尼西亚等新兴经济体在内的亚太市场是一个高度多元化的市场。预计亚太地区公务机机队将从 2012 年的 629 架增长到 2023 年的 1 270 架,以及 2033 年的 2 303 架,复合年均增长率为 6.33%。到 2023 年新增交付将达到 737 架,并在其预测期内第二个 10 年新增交付实现新增交付 1 139 架。亚太区的公务机市场规模在 2033 年占全球市场份额的 7% 强。

4　结语

公务机的发展主要依赖于世界经济的发展与全球化商业活动的繁荣。此外,公务机的准入门槛的降低(各个国家与地区内或之间的航空管制的缓和等)也将刺激公务机市场的进一步发展。在未来的 20 年内,全球公务机将呈现年复合增长率超过 2.79% 的成长,机队绝对数量将从 2012 年的18 310架增长到 2033 年的31 602架。

继中国高铁成功实现引进来,走出去之后,航空工业是中国工业技术现代化的另一个制高点;特别是结合我国的一带一路国家战略,中国将致力于构建新的经济增长中心与兴奋点。公务机市场将直接受益于区域经济的腾飞。

参 考 文 献

[1] 全球机队数据航升在线数据库[EB/OL]. www. flightglobal. com.
[2] 联合国统计署[EB/OL]. http://unstats. un. org/unsd/default. htm.
[3] 世界银行经济数据库[EB/OL]. http://data. worldbank. org/.
[4] EIU 数据库[OB]. http://www. eiu. com/home. aspx.

商用飞机共通性项目成本估算方法研究

赵　楠

（中国商飞上海飞机设计研究院，上海　201210）

摘要：共通性是当代主流商用飞机的一大特点，也是制造商降低项目成本，覆盖多重目标市场的重要策略。本文基于项目成本的参数模型和学习曲线理论，着重研究并提出了商用飞机存在共通性时，项目成本的估算方法和模型，适用于项目前期对存在共通性机型总体方案的项目成本进行估算和评价。

关键词：共通性；学习曲线理论；项目成本

Estimating Project Cost of Civil Aircraft Commonality Benefits

Zhao Nan

（China COMAC Shanghai Aircraft Design and Research Institute，Shanghai 201210）

Abstract：Commonality has become an important characteristic of modern civil aircrafts，and it's also a vital strategy for aircraft manufacturers reducing project cost and covering target multi-market. A method，based on parameter model and learning curve theory，was given to evaluate the costing of commonality benefit in this paper. The method can be applied to estimate and evaluate project cost in the early stage of a civil aircraft project.

Key Words：commonality；learning curve theory；project cost

1 概述

最新一代商用飞机，由于技术含量高，供应链管理难度大，同类机型竞争激烈等原因，研制成本多数超出预期，如 B787，从 2004 年启动项目到 2011 年，研制成本高达 320 亿美元[1]，其竞争机型 A350 研制成本也达到了 110 亿美元[2]。在飞机研发初期对飞机的项目成本进行估算，是现代民用飞机研发过程中的核心任务。在项目初期，项目成本的估算主要应用于项目经济可行性分析及总体方案优化，一般建立参数模型进行估算，典型的参数模型以兰德公司的 DAPCA 系列模型为代表。在国内，民机主制造商在成本分析模型方面，有一定积累[3, 4, 5]。

　　当前主流飞机制造商均着力打造飞机"家族"概念,通过保持机型间的共通性,达到降低项目成本,覆盖多重目标市场的目的。国内民机制造商也面临着根据基础机型发展系列化机型、货机、公务机等衍生机型的决策需求,因此本文在飞机项目成本估算方法[3, 4, 5]的基础上,着重阐述和分析飞机共通性对于项目成本的影响,并建立相应参数模型,达到初步估算衍生机型项目成本的目的。

2　学习曲线理论

　　学习曲线理论最早是在二战期间在飞机制造业中发现的,反映的是制造活动的工人呈现的一种学习规律。美国康奈尔大学的怀特总结了飞机制造业的学习曲线规律,认为每当飞机产量积累 1 倍,平均单位工时下降 20%,也就是 80% 的学习速率,如图 1 所示。

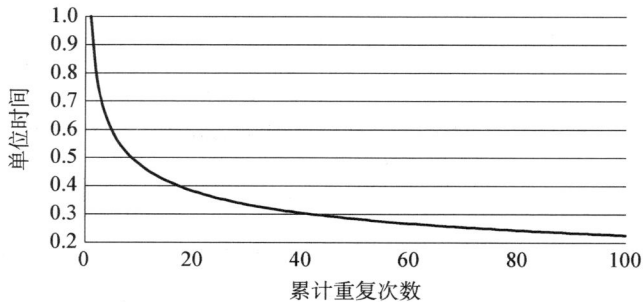

图 1　学习速率为 80% 的学习曲线

　　学习曲线的计算方程如下:

$$Kn = K1 \cdot n^b$$

式中:$K1$——生产首架飞机的工时数(或成本);Kn——生产第 X 架飞机的平均工时数(或成本);n^b——生产第 X 架飞机的学习曲线系数;b——学习指数,$b = \log r / \log 2$;r——学习曲线因子。

　　熟练曲线体现的是熟练度提升后,单位生产时间和单位生产成本的降低,主要因素可以归结为:加工、组装、总装等生产工序熟练后带来的人力成本降低,原材料、设备、系统等材料成本的降低,以及质量控制、生产工具支持和工程支持等生产支持成本的降低。

　　学习曲线理论是计算分析衍生机型项目重复成本的关键理论。

3　项目成本估算模型

3.1　非重复成本

　　商用飞机的非重复成本包括概念设计、初步设计和详细设计;机体结构和系统的试验和验证；适航验证和试飞；新工艺的开发；工装的设计和制造等相应的成本。

当研发的新项目与过去成功机型有一定继承性时，或者研发的新项目是已研发项目的衍生机型时，由于可以沿用以往成熟的设计和验证方法，甚至可以采用已研发和生产项目的部件、成品和系统，或仅做局部设计更改，研发成本将有效降低。

本文在计算衍生机型的研制成本时，引入共通因子（commonality factor，CF）评估机型间由于共通性引起的研制成本降低百分比，然后计算得到衍生机型的研制成本。共通因子的定义是基于图 2 所示的非重复成本在部件级别的分解，该分解是基于典型商用飞机的非重复成本分解[7、8]，其中由于起落架的影响仅 1%，因此可以忽略。将部件的共通因子乘以成本百分比，可以得到全机的共通因子，即

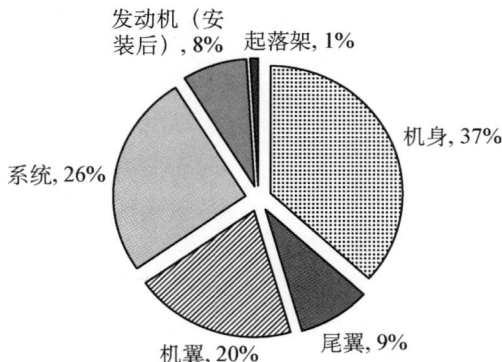

图 2 典型商用飞机非重复成本分解

$$CF = 0.37CP_{\text{fuselage}} + 0.2CP_{\text{wing}} + 0.26CP_{\text{systems}} + \\ 0.09CP_{\text{empennage}} + 0.08CP_{\text{engines}} \tag{1}$$

例如，换发机型相对于基准机型仅更换了新发动机，则假设机身的共通因子为 90%，发动机共通因子为 0，其他部件的共通因子为 100%，由此可以计算全机共通因子为 88.3%。

3.2 重复成本

商用飞机的重复成本包括原材料、发动机和设备成品的采购，机体制造，飞机总装，产品质量控制和批生产试飞等成本。重复成本可以分为制造成本和采购成本，共通性对采购成本的影响基本可以理解为共通性引起采购件采购数量增加对单件成本的影响。

制造成本（不含发动机和设备成品的采购成本）可以分为劳务成本、材料成本和生产支持成本。航空业的学习曲线因子一般在为 0.85 左右，含义是产量每翻一番，生产时间（或成本）按因子 0.85 降低。学习曲线因子取决于制造过程的复杂程度、公司内部的对应的学习机制，劳务成本的学习曲线因子还与装配的机械化程度相关。

单机制造成本的计算为

$$MC_i = MC_1 \cdot Q^b \tag{2}$$

式中：MC_1 为生产首架飞机的工时数（或成本）；MC_i 为生产第 i 架飞机的平均工时

数（或成本）；Q^b为生产第 X 架飞机的学习曲线系数；$b=\log r/\log 2$；r 为学习曲线因子。

当基本型号产品产量达到一定规模，达到一定的制造加速率后，衍生型号与基本型号相同的部分便可借助基本型的人、材、物料的制造加速率，从而制造成本更低。系列化发展型号对于制造成本的影响主要表现在熟练曲线和制造加速度上，即随着生产架数的增加，每架机的生产加快，材料浪费减小，制造成本降低。

考虑飞机共通性的制造成本计算模型为

$$MC_i = MC_1 \cdot CF \cdot (Q+Q_0)^b + MC_1 \cdot (1-CF) \cdot Q^b \tag{3}$$

式中：MC_1——生产首架飞机的工时数（或成本）；MC_i——生产第 i 架飞机的平均工时数（或成本）；Q^b——生产第 X 架飞机的学习曲线系数；$b=\log r/\log 2$；r——学习曲线因子；CF——制造人工、材料等工作的共通性引起的工时数（或成本）降低比例；Q_0——共通型号已生产量。

3　共通性对项目成本的影响

共通性对于飞机项目非重复成本的影响主要体现在设计范围上，根据设计范围的评估用式（1）对非重复成本进行估算。表 1 列出了波音飞机共通性引起的研发成本降低[7]。

表 1　共通性引起的研发成本降低（假设全新研发的成本为 100%）

成本项目	工程设计/%	制造工程/%	工装设计/%	工装制造/%	支持/%
机翼	20	50	5	5	50
尾翼	20	50	5	5	50
机身	20	50	5	5	50
起落架	20	50	5	5	50
发动机安装	20	50	5	5	50
系统	20	50	5	5	50
客/货舱	20	50	5	5	50

共通性对于制造成本的影响，可以简单假设 B 为基本型，E 为 B 的衍生型，B 在累计产量达到 100 架时，E 开始批量生产，假设 E 与 B 有 5%、20%、50%、95% 的机体结构、系统及零部件等的共通性，假设学习曲线因子为 0.85，第 1 架飞机制造成本为 2 亿美元（不含发动机、航电系统的采购成本），则不同的共通程度对于制造成本的影响如图 3 所示，共通程度越高，衍生型飞机以越低的单机制造成本开始生产。由此估算共通性降低的制造成本，假设 E 型号飞机与 B 型号飞机的共通性为 5%、

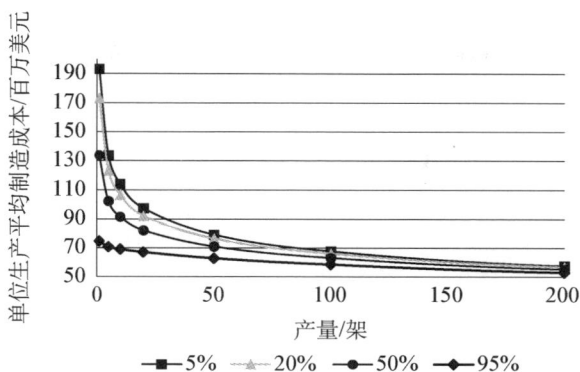

图 3　共通程度对于制造成本的影响

20％、50％和95％，则 E 型号飞机产量达到 200 架时，累计降低的制造成本分别为5 000 万、2 亿、5.3 亿和 10 亿美元。

从项目经济性角度，飞机的系列化发展，提高型号共通性，能大大降低飞机的单机成本，降低项目风险，实现项目盈利。从市场的角度，飞机的系列化发展也有利于航空公司降低运营成本，提高飞机产品的市场欢迎度，提升飞机价值。

4　总结

本文分析了商用飞机共通性对于飞机项目的非重复成本和重复成本的影响，并建立了相应的成本模型，该模型的优点在于突出了共通性在飞机研发制造各个阶段对于成本的主要影响因素，结合 DAPCA 模型，能在项目初期对衍生机型的总体方案的项目成本进行估算和评价。

参 考 文 献

[1] Gates Dominc. Boeing Celebrates 787 delivery as program's costs top ＄32 billion [N]. The Seattle Times，September 2011.

[2] BBC A350. The Aircraft that Airbus did not want to build [R]. June 2013.

[3] 叶叶沛. 民用飞机经济性[M]. 成都：西南交通大学出版社，2013.

[4] 李晓勇，叶叶沛，邓磊. 基于 LCC 的民机项目盈亏平衡分析模型研究[J]. 中国民航大学学报，2015(4)：33 - 32.

[5] 邓磊，叶叶沛，李晓勇. 基于盈亏平衡点分析的民机项目评价模型研究[J]. 飞机设计，2015(4)：72 - 76.

[6] Liebeck R H. Advanced Subsonic Airplane Design and Economic Studies [R]. NASA CR - 195443，April 1995.

[7] Markish J. Valuation Techniques for Commercial Aircraft Program Design [J]. Department of

aeronautics and astronautics，Massachusetts Institute of Technology，Boston，June 2002.

[8] Lammering T，Franz K，Risse K. Aircraft Cost Model for Preliminary Design Synthesis [J].
50th AIAA Aerospace Sciences Meeting including the New Horizons Forum and Aerospace
Exposition，Nashville，January 2012.

航空运输经济学几个基本问题

朱金福　吴薇薇　汪　瑜

(南京航空航天大学民航学院,南京市江宁开发区将军大道 29 号,南京　211100)

摘要：本文讨论了航空运输经济学的特色内容和基本框架,并进一步讨论了航空网络分析体系,以及飞机的网络经济特性,指出不同结构的网络,将导致飞机的不同经济特性。为了充分发挥飞机的经济性,必须科学设计航空网络。

关键词：航空运输;经济学;运输组织;飞机经济性

On a few basic problems of air transportation economics

Zhu Jinfu　Wu Weiwei　Wang Yu

(College of Civil Aviation, Nanjing University of Aeronautics and Astronautics Jiangjun Avenue. 29, Jiangning Development Area, Nanjing　211100)

Abstract：This paper discusses the features and basic framework of air transportation economics. Giving an analytic system of air traffic and transport network, it also analyzes network economic features of aircraft and points out that different structure of the network will have different economic efficiency. Therefore, the network of air traffic and transport must be designed with scientific method in order to bring economy of aircraft into full play.

Key Words：air transportation; economics; transportation organization; economic features of aircraft

0　引言

　　航空运输经济学是一门重要的产业经济学分支,国际上出版了好几种航空运输经济学的著作[1~3],其中主要的内容除了关于运行成本和收入之外,其他是关于政府管制、航权和天空自由化等对航空运输经济性的影响。国内也出版了几种航空运输经济学的教科书[4~6],其中除了《航空运输经济学》之外,其他教科书基本上限于西方经济学的基本概念介绍和应用,不能完全显示航空运输经济学的基本特征。

　　网络经济是航空运输经济的基本特征之一。关于航空网络,已有大量的文献研究了有关问题,但大多概念不清,含混其词。因为对航空网络的分析体系不甚了了,还未能建立起一套关于航空网络的科学体系。大量的文献都是只抓住其中的一点进行研究,构建了形形色色的不同网络,有航路网络、航线网络、时空网络、航班连接网络等,但是不清楚这些网络之间的关系没有建立起网络研究体系。有的甚至不知底里,错把其中一种网络当作另一种进行研究,妨碍了航空网络科学研究体系的建立和发展。

不同结构的航空网络,将导致不同的飞机经济特性,探索不同结构航空网络下飞机的经济特性非常有意义。

本文将总结本文作者们多年的研究和思考,首先就航空运输经济学的基本特色谈谈看法。然后初步建议航空网络的科学体系,再进一步讨论飞机的网络经济特征,为航空运输经济学研究打下基础。

1　航空运输经济学的特色内容

航空运输的产业特色主要体现在以下几点。

1) 对运输 OD 流进行科学组织,将产生不同的经济效应

对运输 OD 流,有至少 3 种组织方式:一是直飞(或叫作点对点),也就是从 O 不停地直接飞行到 D,采用这种方式,各 OD 流之间相互独立,不能相互支持产生汇流作用;二是经停(或叫作过站),采用这种方式,同一架飞机飞两个航节,完成 3 个 OD 流的运输任务,每个航节汇集了两个 OD 流,这种汇流作用可以减少飞机的空座损失,提高飞机客座率,但增加了过站旅客的行程时间,降低了这一部分旅客的出行效用;三是中转方式,采用这种方式运输,经过中途的 1～2 次停场转机,可以把旅客运输到更广阔的目的地,每个航节汇集了大量 OD 流,因此可以采用大飞机进行大频率运输,降低了航空公司运输成本,对于中转旅客,在中转机场要办理换乘手续和行走较长距离,中转时间比经停时间长,旅客的行程时间成本将增加更多,因而降低了旅客出行效用,但高频率又使旅客计划延误时间减少,可增加旅客的出行效用,如果增加旅客行程时间引起的出行效用降低可以由计划延误时间减少引起的出行效用增加所抵消的话,中转方式的汇流作用将产生正向的经济效应,可增加社会总福利。深入研究这些问题,是航线网络经济学的主要内容。

2) 飞机作为运输工具,有其不同寻常的经济特性

飞机是价格昂贵的载运工具,飞机运行成本是航空公司的最主要成本,对它的研究将产生丰富的飞机经济学。飞机的运行成本可以分为直接运行成本和间接运行成本,也可以分为固定运行成本和变动运行成本。前一种分类方法是评价飞机经济特性的重要指标,后一种分类是飞机用户的财务分析重要指标,也是优化配置飞机资源的重要依据。

飞机的运行经济特性不仅与其自身的空气动力学特性、发动机燃油特性、环保法律和政策、飞机空重等有关,还与所飞航线市场和航线网络结构有关。同一架飞

机在不同航线上飞行将表现出不同的经济特性。例如,长航程大流量的航线采用大机型可以降低运行成本,减少旅客流失成本、提高飞机利用率,而短程的支线市场采用小飞机则可以减少空座损失,提高客座率、增加航班频率减少旅客计划延误时间,缩短过站时间提高飞机利用率。不同的航线,航路条件和空域气象环境不同,飞机的运行经济特性也将不同,为航线网络选择最适配的机型,将降低机队运行成本,提高机队运行效率。基地机场的选择将决定飞机的维修维护成本,合适的基地机场可以降低飞机运行成本。

3) 机场作为陆空衔接点,有其特殊的经济作用

航空运输一般难以做到门到门服务,旅客行程的两端(货运也一样),通过陆路交通完成整个出行需求,陆路交通与航空交通的衔接点在机场。如果某地建有运输机场,则意味着此地出行将不受地面交通条件的限制,通过其他机场的转运,可以通达世界各地。便利的交通必然带来经济的繁荣,拥有大型机场(甚至中等机场)的当地政府看到了商机,在机场周边地区划设经济区,引进需要航空运输支持的产业,拉动当地经济的发展,因而产生了临空经济现象,研究临空经济现象特征将产生临空经济学。

4) 航空运输的安全性对运输经济产生了直接影响

航空运输由于它的交通方式的特殊性,事故引起的关注度大,重大事故产生的生命财产损失特别重大,甚至引起社会对航空的疑惑和恐惧,影响航空运输的信誉和美誉,进而影响航空运输的需求,造成航空运输的成本增加和收入减少。因此,航空运输的安全管理是世界性的课题,ICAO 的一个重要使命就是解决航空运输的安全管理问题。

航空运输的安全管理通过行政、法规和技术 3 个层面的进步和协作不断推进,这 3 个层面的安全管理水平的提高都需要投入成本,但安全管理水平的提高可带来事故损失的减少。从经济学的角度来看,降低安全风险,提高安全水平是安全管理的"需求",满足这一"需求"将减少事故损失(等价于安全管理的收入),更先进的安全管理法规、制度和技术是安全管理的"供给"(资源)。对安全管理的资源,需要投入才能增加供给。如何进行安全资源配置,实现航空运输安全管理体系的最有效运行,是航空运输安全经济学的主要研究内容。

5) 航空运输的政府管制和天空开放对运输经济产生了重要影响

从 20 世纪 30 年代起,航空运输在世界各国都采取了政府管制,一是,为了防止运输企业为了追逐利益而不顾公众安全;二是,为了防止运输企业之间的恶性竞争导致市场秩序的混乱,进而影响国民经济的正常发展;三是,因为航空涉及国家的空域主权,以及战时和其他紧急情况下航空的特殊作用,航空运输具有一定的准军事属性,在国家需要时能够及时调集航空资源。

直到 20 世纪 80 年代初,航空运输的安全管理水平已经得到大幅提升,飞行安

全水平在 5 种运输方式中处于领先水平,但政府管制导致市场缺乏竞争,机场时刻和票价受政府管制,行业垄断比较严重,旅客的利益得不到保障,航空运输业缺乏活力和发展的动力。此种情况下,美国总统卡特签署放松航空管制、实行市场开放的法案,在美国结束了实行了 40 年的航空政府管制。放松管制,带来了美国航空运输业的大繁荣。

政府管制和市场开放都对航空运输经济产生了极大影响,应当研究政府管制这只看得见的手与市场这只看不见的手如何协调作用,才能优化配置航空运输资源,最大化航空运输系统的效率。这是航空运输经济学的重要特色内容。

航空运输的以上特点造就了航空运输经济学的基本特色。我们建议:航空运输经济学必须包括以下内容:

(1)航线网络经济学。

(2)飞机经济学。

(3)航空安全经济学。

(4)临空经济学。

(5)政府管制和天空开放的经济效应。

可以说,不包含全部上述内容的航空运输经济学著作就没有航空运输的特色。

2 航空网络体系

1)什么叫航空网络

航空网络是指航空运输使用的各种网络的总称,包括航空基础设施,航空运输OD市场、航空运输组织和计划、航空运输运行和调度所采用的各种网络。

2)航空网络的分层结构及其作用

根据上述定义,航空网络是一个网络体系,它可以分成 3 层,第 1 层是物理层,叫作航路网络(见图 1),相当于地面交通的公路网,它是航空运输的基础设施,规定了飞机飞行的空域路线。航路网络的边是空域中的航路(包括临时航线),由高度、方向等要素定义,连接空域的某两个节点,每条航路都进行了命名编号,节点包括机场和空域中的重要点,例如航路交叉点、进近点、管制移交点等,这些重要节点都进行了命名,和航路名称一起是航行情报的一部分;第 2 层是应用层,叫作航线网络,它是一种逻辑网络(见图 2),表达了可以服务的 OD 市场和航空运输的组织方式、运输路线,其中的任何一条航线表示已经开通的航空运输市场,但它必须以航路网络为支撑,如果某 OD 之间不存在航路,那么就不可能在该 OD 对之间开辟航线,航线网络的节点是机场,某两机场节点之间有边,表示这两个机场之间开通了航线运输市场;第 3 层是运行层,叫作航班运行网络,可以用时空网络表达(见图 3),也可以用航班连接网络表示,它表达了航班运行的状态,包括航班起讫点和航班之间的衔接关系,可以计算航班运行的时间、成本、收入等,航班运行时空网络的边表示飞机流

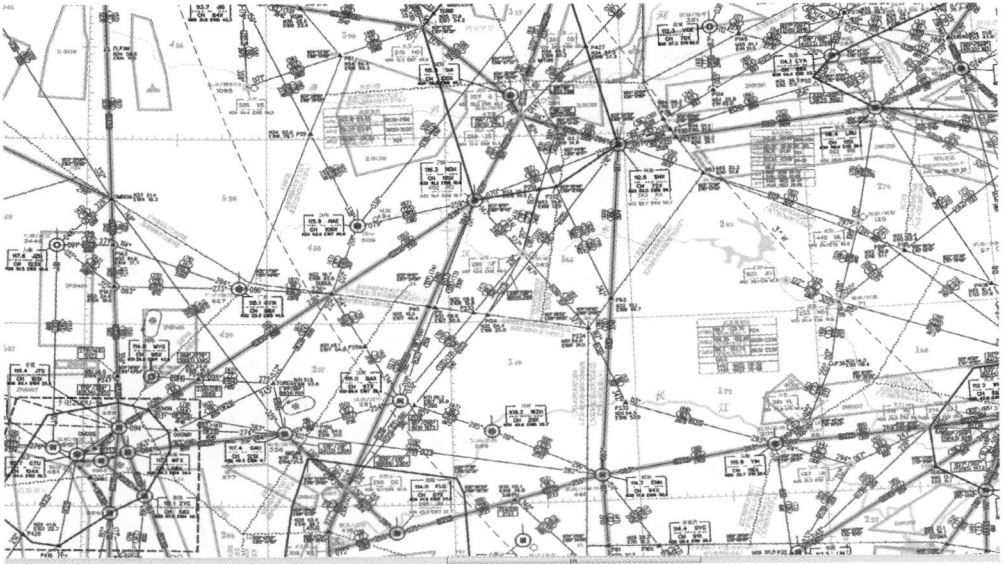

图 1　局部空域的航路网络

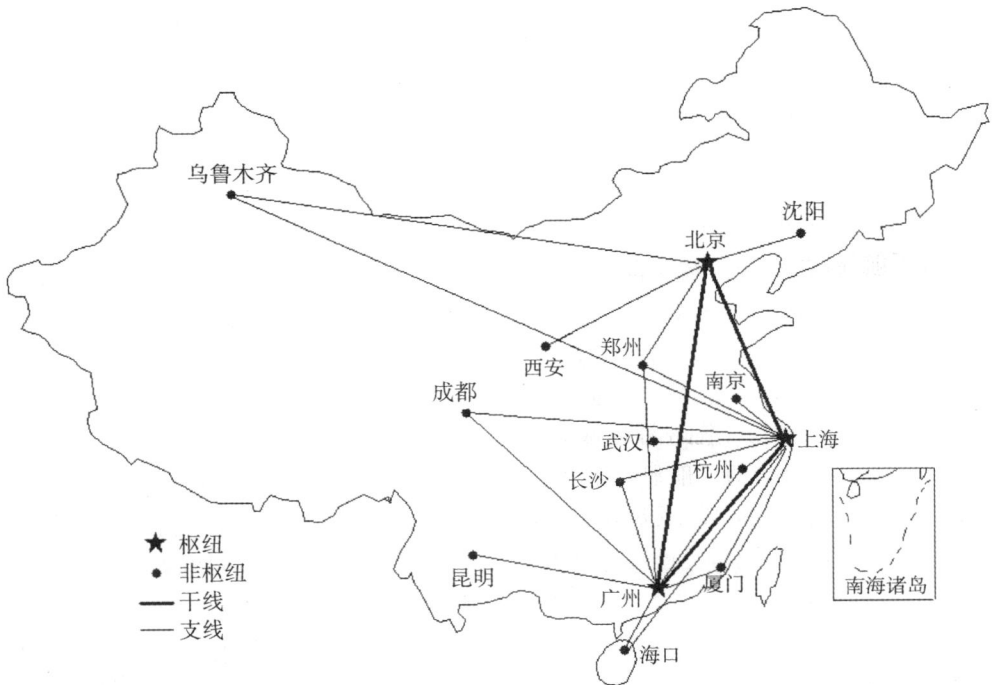

图 2　航线网络

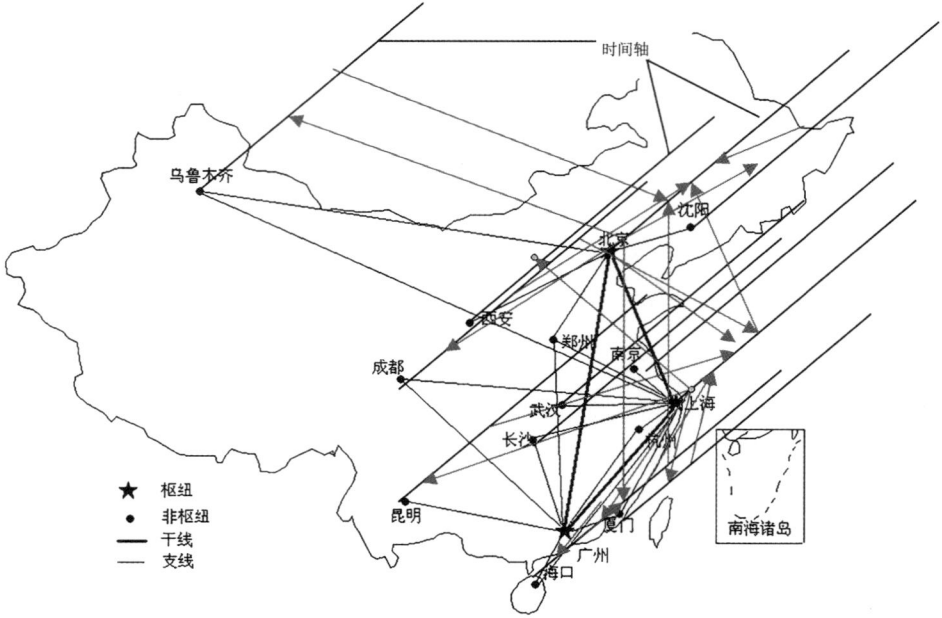

图 3　航班运行网络

的状态,有航班边、停场边和过夜边,节点表示航班的开始和结束,有时间和空间两个属性来定义。只有在两机场之间已经开辟了航线(获得了航权),才会有航班运行,因此航线网络是航班运行网络的基础。

　　3)各层航空网络之间的关系

　　如同计算机网络一样,航空网络的 3 层结构之间有密切的关系。航路网络保障和支持了航线网络,没有航路网络,航空运输就不可能实现,也就不能开辟航空运输市场。空域作为国土资源的一种,必须开发才能利用,建设航路就是开发空域资源,规划航路网络就是优化空域资源结构,提高其利用率。因此,如果没有规划建设航路网络,相关空域就没有开发,就不能被航空运输所利用。航线网络是航路网络的"用户",没有航线网络,航路网路就不能产生价值,就是开发后被闲置的空域,也不能发挥空域的经济价值。航班运行网络用时空网络表示时,其结构是把航线网络中的节点沿时间轴拓展而成,反过来,可以把航班运行网络沿时间轴向空间投影,就可以得到航线网络,航线网络规定了航班运行的路线和空间活动范围,航班运行网络是在航线网络的基础上,在时间轴上做进一步拓展,用以规定航班运行的起讫时间和飞机流状态。离开了航线网络,航班无法设计,航班运行网络就失去了构造基础,不进一步构建航班运行网络,航线网络就不能运行,就是空架子了。可见航空网络的 3 层之间既有分工,又有合作,相互之间存在紧密的依赖关系。

4）航空网络研究体系

上述的航空网络可作为航空运输系统的分析工具,给航空运输系统的研究提供了重要基础。为了建立航空运输系统的研究体系,需要建立航空网络的分析体系,用以统一解决航空运输系统各层次的问题,包括航路网络规划问题、航线网络规划问题、航班计划设计问题、航班延误分析和不正常航班治理问题等。例如,可以根据航线网络和航班运行网络提供的信息预测航路网络的飞机流量和飞机四维航迹,研究飞机冲突概率,研究空域复杂度和评估空域容量,进行航路网络的优化设计等,根据航路网络的信息,可以分析飞机的航线适航性和经济性,进行航线选择和航线网络的优化设计。根据航路网络提供的信息可以优化飞行计划,根据航线网络的信息,可以用于优化航班计划,构造航班运行网络,进一步用于优化飞机的调配和机组任务组环优化,因而分析航班延误的网络传播问题,揭示航班延误的机理,找到航班延误的控制点和控制手段。通过航班运行网络进行航班延误动力学的研究,可掌握航班延误的传播机理和发生规律,就可以反馈给航线网络的优化设计,进一步通过飞机流状态的改变要求,对航路网络进行优化设计,因此在集成的航路网络体系,研究工作者有可能对航路网络、航线网络和航班运行网络进行统一分析和集成优化研究,在保障航空运输安全的提前下,努力提高航空运输系统的效率。

要构建集成的航空网络体系,研究各层网络之间的映射关系十分重要。例如,建立了航线网络与航路网络的映射关系,就可以对航路网络的结构特征进行经济性分析,用于航线网络的优化设计,并进一步用于飞行程序设计和航班运行网络的构建。建立了航线网络与航班运行网络之间的映射关系,就可以在航线网络上进行航班延误的传播动力学研究,进而用于航班运行网络的恢复和控制研究。关于航空网络层之间的映射关系,我们将在另一篇论文中给出。

3 飞机的网络经济特征

1）飞机经济特征

飞机的经济特征主要表现在以下几方面。

飞机拥有成本:这是一项与飞机运行无关的成本,是固定成本,包括购买折旧或者租赁成本、改装成本、保险费、航材储备成本等。

飞机运行成本,可以认为是飞机的变动成本,是执飞航班直接产生的成本,通常包括航油消耗成本、机组成本、航路费、机场起降费等。

飞机拥有成本是一项很大的成本,其中进口关税税率、保险费率、折旧期和折旧方式或者租赁方式有较大影响。目前为保护国产飞机市场,对支线飞机采用了较高进口关税税率,同时国产民机的保险费率又比较高,后者对采用国产民机不利。由于运七、新舟60等老的国产支线客机的可靠性安全性相对较低,飞机价格较低,因此保险费率规定的比较高,但是ARJ21等新型国产民机是按照国际标准设计的飞机,因此可靠性安全性会比较高,价格也不会太低,如保险费率还是按老的政策话,使用 ARJ21 等新型国产民机的航空公司将要支付较高的保险费用,必将不利于 ARJ21 等的市场竞争。为此,应当呼吁国家和保险公司重新评估新型国产民机的可靠性和安全性,并合理制定国产民机的保险费率,促进国产民机的国内销售。

2)航路网络对飞机经济性的影响

国家航路网络规定了飞机飞行的环境,包括高度层、气象条件等,这些条件对每个航班飞行的运行成本都有很大影响,目前各航空公司的签派员只能在现有空域管理体制下尽量实现飞行成本最小化。由于签派员选择航路的自主权非常有限,因此航空公司签派员设计的飞行计划离开真正优化的飞行计划较远。

飞机的一次起降飞行的最短路径应是地球大圆,航路网络的结构决定了飞机飞行路线偏离大圆的距离。即使每条航路基本按照地球大圆进行规划设计,当某航班的飞行需要飞越几条航路时也是不能保证沿地球大圆飞行的。如何能让各航班都能基本沿地球大圆飞行呢?这就要求根据航班飞行需求对航路网络进行优化设计和必要的调整。

当空域临时遭受恶劣天气袭击,或者某部分空域在某时段内有军事活动,将造成局部空域临时不可用。那么应当如何动态规划航路网络和管制扇区,在某部分空域不可用时,尽量减少对航空运输系统正常运行的干扰呢?这个问题的解决,对于提高航空运输系统的效率,特别是飞机利用率,具有重要意义。

3)航线网络对飞机经济性的影响

飞机运行成本与航线网络结构有很大的关系,航线网络结构决定了各 OD 流的组织形式,因而影响了航班客座率、飞机利用率、航班旅客溢出率和空座损失率,还影响旅客计划延误时间和随机延误时间,因而影响旅客出行效用和对航班的选择,最后影响航空公司获取的需求和收入。

一般,采用点对点航线,航空公司采用以基地机场为中心,从基地机场到其他机场之间的往复式运输方式,每个航节只运输了一个 OD 流,一般只能运用于流量较大的 OD 市场。对于中小流量的 OD 市场,航班频率较低,对旅客来说,途中时间短,但计划延误时间和随机延误时间都比较长;对航空公司来说,飞机利用率可能较高,但航班旅客溢出和空座损失都会比较大,能获取的需求有限,市场占有率很难提高,收入增加困难。

采用线形航线,则一个航节可以承担两个 OD 流运输任务,运用在中等流量的 OD 市场比较合适。对小微流量的 OD 市场,线形航线的运输组织方式获取需求的能力非常有限,航线运输仍是低频的。

采用枢纽辐射式航线,则可以通过选择合适的中转机场,将多个 OD 流进行有效组织,每个航节将汇聚多个 OD 流,使航节运输需求大增,运输效率将大幅提高,减少旅客计划延误时间和旅客随机延误时间,即使是小微 OD 流市场也可以服务。

但是采用枢纽辐射式运输方式,对于旅客来说,将可能大大增加行程时间;对于航空公司来说,必须确保航班之间的有效衔接,大大增加了航班运行管理的难度,增加了航班延误的风险,可能会降低飞机利用率;对于枢纽机场来说,尽管可以迅速增加旅客吞吐量,并提高机场零售业务效益,但同时也增加了生产资源的压力和调度困难,提高了机场运行管理的难度。特别是遇到大面积航班延误时,甚至可能因为运行控制不力,导致航班延误进一步恶化,形成混乱局面。

4)航班运行网络对飞机经济性的影响

航班运行网络规定了飞机执飞的航班任务,各飞机都存在最适宜执飞的航班任务。航班任务对飞机的不同分配,将导致不同的飞机利用率、航班客座率和载运率、航班运行成本,获取不同的旅客需求,因此对飞机的经济性产生很大影响。应当研究航班运行网络上的最优飞机流问题,给出飞机的最优调度方案。研究航班运行网络的飞机流最优分布及其相关灵敏度分析,可以研究在航班运行网络受到外界干扰时的最优控制问题,甚至研究在航班运行网络遭受到破坏时的修复或重构问题。这些问题的解决和相关方法的掌握,都将进一步提高飞机的经济性。

民用飞机也应具有适应航班运行网络动态变化的能力,也就是在航班运行网络动态变化前后,飞机的经济性不应显著变化。

4 结论

本文讨论了航空运输经济学的知识体系问题,建议了航空运输经济学必须包含的基本特色内容。讨论了航空网络的结构问题,定义了分层和各层网络的作用,建议把航空网络作为航空运输系统的研究工具,研究各层网络的结构和特性,及它们之间的映射关系,研究航空网络的动力学和控制理论。本文最后还讨论了各层网络与飞机经济性之间的关系,指出研究航空网络的结构特性和飞机流在网络上分布的经济特性,可以找到优化飞机使用的方法。

由于篇幅限制,本文对提出的问题不可能做深入讨论,只限于点到为止。能引起更多专家学者们的兴趣是本文写作的愿望。

参 考 文 献

[1] Rigas D. Flying off course—Airline Economics and Marketing [M]. 4th ed. Taylor & Francise-Library,2009.

[2] Stephen Holloway S. Straight and Level—Practical Airline Economics [M]. 3rd ed. Library of Congress Cataloging-in-Publication,2008.

[3] Fleming K,Tacker T,Vasigh B. Introduction to Air Transport Economics [M]. Ashgate Publishing Limited,2008.

[4] 严作人,张戎. 运输经济学[M]. 北京:人民交通出版社,2003.

[5] 秦四平. 运输经济学[M]. 北京：人民交通出版社，2008.

[6] 吴薇薇. 航空运输经济学[M]. 北京：科学出版社，2014.

[7] 朱金福. 航空运输规划[M]. 西安：西北工业大学出版社，2009.

[8] 汪瑜，孙宏，朱金福. 基于时间区间内航线机型优化分配的机队规划方法[J]. 系统工程理论与实践，2015，35(1)：168－174.

中外民机制造业科技投入效用比较研究

宋丹青

（中国商飞上海飞机设计研究院，上海　201210）

摘要： 民用航空工业是国民经济发展的主要推动力之一，如何准确估计民机制造业的科技投入效应是行业政策制定的核心问题之一。本文首先简述和分析中国航空工业科技投入的现状，接着分析美国、欧洲和俄罗斯等主要西方国家的科技投入情况，然后进行对比分析，最后给出政策建议，文末提出未来研究的方向。

关键词： 民用航空工业；科技投入；政策建议

Comparative Study on Science and Technology Investment Effect of Chinese and Foreign Civil Aircraft Manufacture

Song Danqing

（China COMAC Shanghai Aircraft Design and Research Institute，Shanghai 201210）

Abstract： Civil aviation industry is one of the main driving forces of the national economy development. How to accurately estimate the airplane manufacturing industry science and technology investment effect is one of the core problems of industry policy formulation. Firstly, this paper described and analyzed the status of China aviation industry investment in science and technology, and then analyzed the science and technology input of main western countries, such as the United States, Europe and Russia. Secondly, this paper conducted comparative analysis. Finally, some policy suggestions and the direction of future research were put forward.

Key Words： civil aviation industry; investment in science and technology; policy suggestion

0　概述

航空工业是国民经济发展的原动力之一，其中，民用航空市场未来二十年全球旅客周转量年均增长率可达 4.7%，各座级喷气客机的交付量将达 37 049 架[1]。目前，中国的民机市场份额几乎为零，与世界主要航空工业发达国家相比差距巨大，有较大发展空间。这也为科技投入创造了巨大空间，是国家科技投入的重点领域。例如,2012 年,国家在《国家战略性新兴产业发展"十二五"规划》中[2],明确了民机制造业优先发展的国家战略地位。然而,如何确定民机制造业科技投入的效用,是目前民机制造业社会经济性研究领域的焦点问题。

本文首先简述和分析了中国航空工业科技投入的现状,接着分析美国、欧洲和俄罗斯等主要西方国家的科技投入情况,然后进行对比分析,最后给出政策建议。文末提出未来研究的方向。

1　中外航空工业科技投入

1.1　中国航空工业发展现状

中国民机与军机协同发展已经走过了六十多年的历史,主要机型包括运- 12、运- 5、小鹰- 500、新舟- 60、新舟- 600 以及若干种民用直升机,其经历了 4 个阶段:

(1) 基本投入阶段(1951—1960 年):我国航空工业初具雏形,借助来自苏联的技术帮助,完成了由飞机修理到飞机制造的转型,成功研制了首架歼- 5 等军用飞机。

(2) 最佳发展阶段(1961—1980 年):在大规模的全社会工业建设中,成立了专业的航空研究院、航空设计院,航空工业生产能力和研发能力明显提升。

(3) 艰难前行阶段(1981—2000 年):在改革开放中,航空工业发展遇到了很大挫折。大飞机项目"运- 10"下马,"以技术换市场"的发展思路,使我国错失了发展自主技术的历史机遇。

(4) 崭新发展阶段(2001—2016 年):我国航空工业一方面积极参与全球飞机转包业务;另一方面极其注重国内自主研发体系的形成,并先后实现了 ARJ21 - 700 的成功首飞,并于 2008 年正式启动了 C919 飞机项目。

1.2　中外科技投入现状及分析

截止 2011 年底,中国及美国航空制造业的工业总产值占 GDP 比重情况,如图1.1 所示。

根据图 1 可知,我国航空工业产值占 GDP 的比重要远低于以美国为代表的航空工业发达国家,存在较大的发展空间。

历年科技活动经费的投入情况及国际比较,如图 2~图 5、表 1 和表 2 所示。

(1) 从图 2 和表 1 可知,我国科技活动经费的投入力度稳步增长,但是人均 R&D 投入水平却远远低于世界主要创新国家的水平,我国仍未超过当国家处于经济稳定增长期时应当保持在 2.0% 以上这一国际经验值[3]。这些均显示出我国全社会科技活动的投入总规模依然偏小。

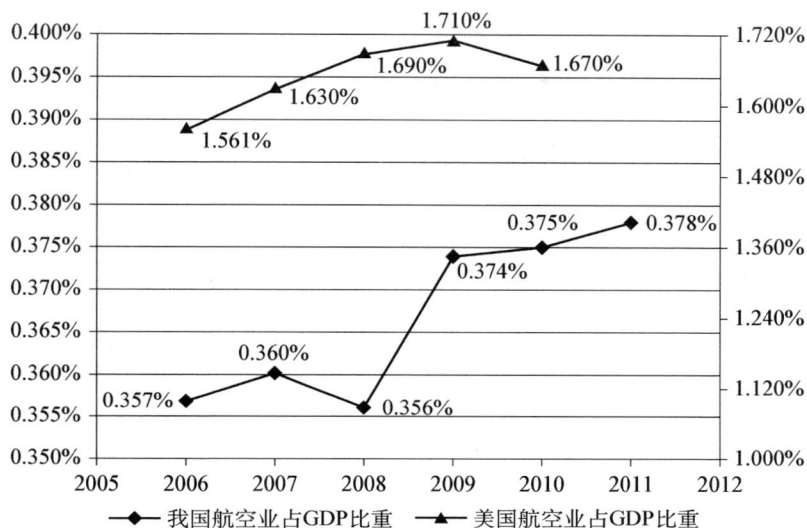

图 1　2006—2011 年我国航空制造业的工业总产值占 GDP 比重

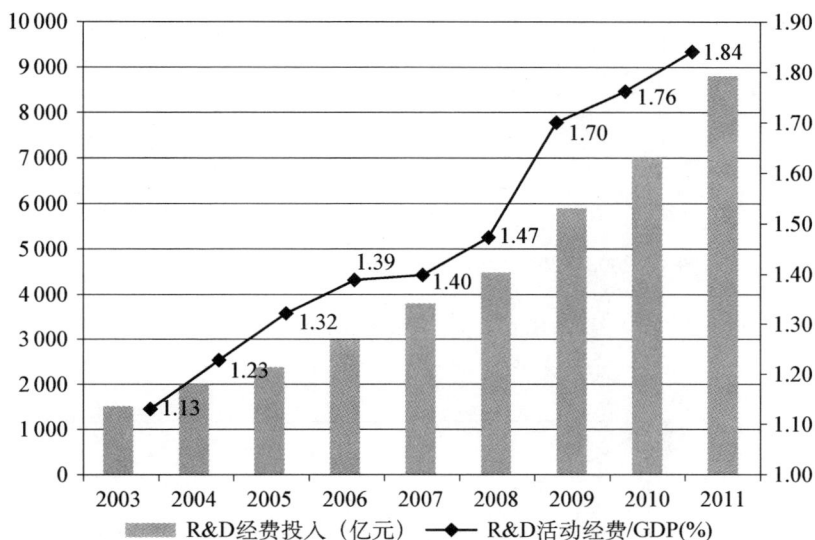

图 2　2003—2011 年我国科技投入的变化趋势

R & D经费中企业资金所占比重

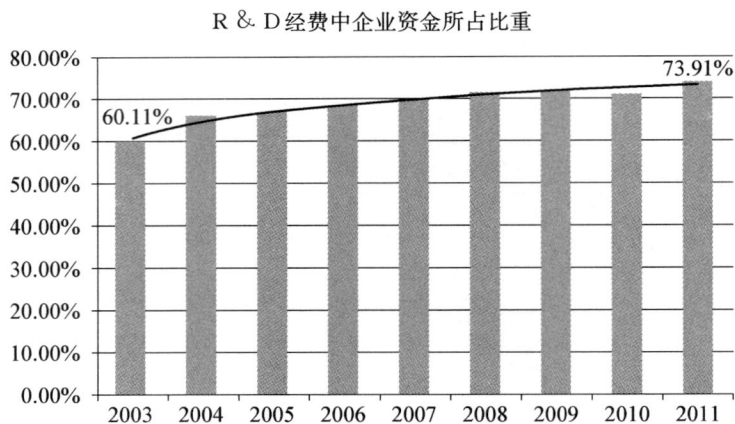

图3　2003—2011年我国科技经费中企业资金所占比重

R & D经费中政府资金所占比重

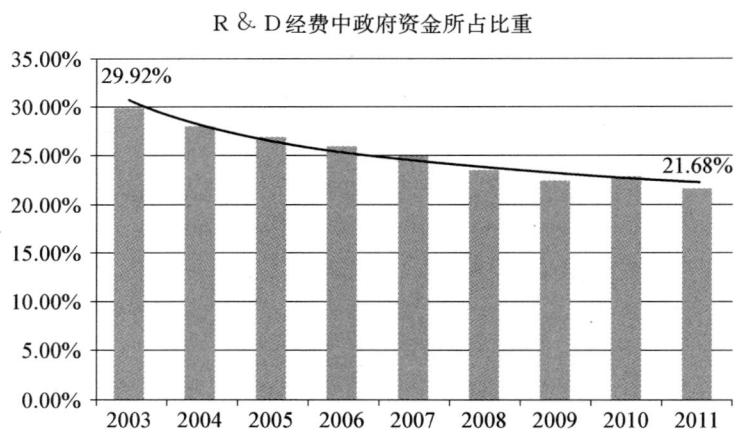

图4　2003—2011年我国科技经费中政府资金所占比重

R & D经费中其他资金所占比重

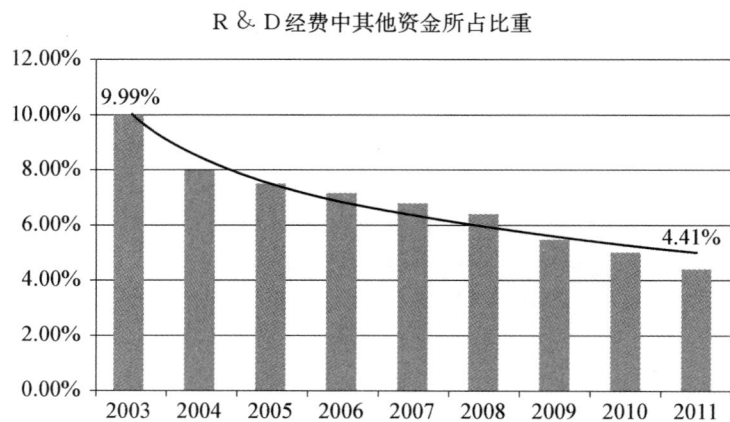

图5　2003—2011年我国科技经费中其他资金所占比重

表 1　世界主要创新型国家的科技投入情况

分类	中国 2010	美国 2009	日本 2010	法国 2010	德国 2009	韩国 2010
R&D 经费(10 亿美元)	104.34	401.18	178.88	92.64	57.85	37.93
人均 R&D 投入(美元/人)	77.96	1 296.85	1 403.53	1 132.80	891.37	775.98
R&D/GDP(%)	1.77	2.9	3.26	2.82	2.25	3.74

注：数据来源——中国科技统计年鉴 2012。

表 2　世界主要创新型国家科技投入的经费来源情况

分类		中国 2011	美国 2009	日本 2010	法国 2010	德国 2009	韩国 2010
经费来源 (%)	企业资金	73.9	61.6	75.9	66.1	51.0	71.8
	政府资金	21.7	31.3	17.2	29.7	39.7	26.7
	金融资金	4.4	7.1	6.9	4.1	9.3	1.4

注：数据来源——中国科技统计年鉴 2012。

(2) 从经费来源上看，如图 3～图 5 所示，政府资金及其他来源经费的增长率要明显低于科技活动经费的总体增长水平，政府资金所占份额在逐步下降；如表 2 所示，企业资金是全社会科技投入的主要来源[4]，政府经费投入则是重要补充。目前，主要发达国家政府资金的比重高于我国政府资金的投入水平。

(3) 从研究类型上看，如表 3 所示，我国 R&D 经费投入明显偏重于试验发展活动，在基础研究领域的投资严重不足，而且与世界主要创新型国家相比，我国基础研究经费也明显不足[5]。从表 3 可看出，世界主要创新型国家的基础研发经费投入比值最高已达到 26.8%，而我国仅为 4.7%。我国政府应加大对研究所和高校等主体在基础知识领域研究的资助力度。

表 3　世界主要创新型国家科技投入的应用方向情况

分类		中国 2011	美国 2009	日本 2010	法国 2010	瑞士 2008	韩国 2010
研究类型 (%)	基础研究	4.7	19.0	12.5	26.0	26.8	18.2
	应用研究	11.8	17.8	22.3	39.8	31.9	19.9
	试验发展	83.5	63.2	60.5	34.2	41.3	61.8

注：数据来源——中国科技统计年鉴 2012。

1.3　主要航空发达国家研发补贴方式

相比美国、欧盟等航空工业发达国家鼓励飞机制造业创新发展的补贴策略和政策手段,我国还不是很成熟,因此应借鉴航空工业发达国家的成功经验。

1) 美国对航空工业的补贴

美国航空航天科技的基础与应用研究的主要负责机构是国家宇航局(NASA)其常会将内部研究成果转移至飞机制造企业。由此一来,由 NASA 承担研发与试验的费用与风险,给予飞机制造商新的产品开发和生产能力,极大降低了企业自身研发的风险与成本。而且美国航空航天工业的最大客户则是美国国防部,在美国航空航天产品与服务的销售总额中占有很大比重。

2) 欧盟对航空工业的补贴

欧盟各国对于飞机制造商的新机型开发提供各类优惠,与美国不同,欧盟采取的最主要扶持方法则是直接补贴。比如一直以来,英国政府通过"开发支持"基金,给予新飞机等项目的研发,提供50%～60%的资金支持;另外,欧盟扶持飞机制造业的重要方式是,在新飞机项目达到盈亏平衡点之前,给飞机制造商提供其研制费用的90%贷款等间接补贴。空客公司便是在欧盟的各种"直接补贴"策略扶持下,得以逐步成长为有能力与波音公司抗衡的世界飞机制造巨头。另外,与美国一样,欧盟政府也会通过军事采购合同、政府设备采购合同等途径向飞机制造商提供补助。

世界主要的航空工业发达国家除通过以上方式,对本国航空工业的研发活动提供有力的支持外,还采用间接销售干预、税收优惠与出口补贴等支持手段对航空工业产业的发展进行长期的扶持。

2　科技投入效用研究

2.1　方法简述

随着新经济增长理论的发展,溢出效应测算方法有以下 4 种:技术流动法、成本函数法、知识生产函数法和文献追踪法。

根据知识溢出理论和知识生产理论,飞机制造业研发活动的产出除与企业自身研发投入有关以外,还受到外部知识资本的影响。本章节研究中将影响飞机制造业研发活动产出的因素分为以下 3 个部分,第一部分是飞机制造业自身科技研发活动中企业、政府科技经费 K_{PUIt}、K_{PUBt} 及人力 Lt 的投入,第二部分是其他产业科技研发活动中企业资金、政府资金形成的知识存量对它的潜在溢出 WRD_{PRIt}、WRD_{PUBt};第三部分是公共研发机构的知识存量对它的潜在溢出 GRD_{PUBt}。在以上分析的基础上,构建科技投入对飞机制造业创新产出的溢出效应函数,如式(1)所示:

$$Q_t = Ae^{\lambda_t}K_{PRIt}^{\alpha}K_{PUBt}^{\beta}WRD_{PRIt}^{\gamma}WRD_{PUBt}^{\delta}GRD_{PUBt}^{\gamma}L_t^{\varepsilon} \tag{1}$$

式中：次数 α 为企业自身研发资金投入 K_{PUIt} 的产出弹性，表示在其他条件不变的条件下，K_{PUIt} 每增加 1%，将引起企业创新产出 Q_t 变动（增加或减少）$\alpha\%$；相应地，次数 β、χ、γ、δ、ε 分别为变量 K_{PUBt}、WRD_{PRIt}、WRD_{PUBt}、GRD_{PUBt}、L_t 的产出弹性，同样代表了产出变量对对应投入变量变动的敏感程度。

假设与时间有关的科技进步 λt 为常数，合并到 A 中，对式（1）取对数，得

$$\ln Q_t = \ln A + \alpha \ln K_{PRI_{t-1}} + \beta \ln K_{PUB_{t-1}} + \chi \ln WRD_{PRI_{t-2}} + \tag{2}$$
$$\delta \ln WRD_{PUB_{t-2}} + \gamma \ln GRD_{PUB_{t-2}} + \varepsilon \ln L_t + \varepsilon$$

式（2）取对数后变成一个多元线性模型，各模型变量的前面的系数即为各因素的产出弹性系数，而研究中仅需再利用回归分析法，即可求得。

本文采用的变量说明如下：

(1) 飞机制造业科技研发活动的产出（Q_t）：用新产品产值表示。

(2) 飞机制造业科技研发活动中人力投入（L_t）：用 R&D 人员全时当量表示。

(3) 飞机制造业科技研发活动中企业、政府经费投入（K_{PRIt}、K_{PUBt}）：用 R&D 活动中的资本存量表示。

其计算公式如下：

$$K_{STOCK_{it}} = K_{STOCK_{it-1}}(1 - \delta) + K_{INPUT_{it}} \tag{3}$$

$$K_{STOCK_{it0}} = \frac{K_{STOCK_{it0}}}{g + \delta} \tag{4}$$

式中：$K_{STOCKit}$ 为第 t 年时产业 i 累积的研发经费资本；$K_{INPUTit}$ 为第 t 年时产业 i 新投入的研发经费；$K_{STOCKit0}$ 为在基年 i 时产业已经拥有的研发资本存量；g 为产业 i 在观察期内研发经费支出的平均年增长率；δ 为折旧率，在目前已有的关于各产业研发资本折旧水平的测算研究中，交通设备制造业的测算结果在 $0.14\sim0.27$ 之间；这里将 δ 取为平均值 0.21。

(4) 其他产业中企业及政府资金形成的知识存量的潜在溢出量（WRD_{PRIt}，WRD_{PUBt}）：由其他产业研发活动的知识存量的加权值表示，计算公式如下：

$$WRD_{PRI_t} = \sum_{j \neq i}^{N} w_{ijt} RD_{PRI_{jt}}, \quad WRD_{PUB_t} = \sum_{j \neq i}^{N} w_{ijt} RD_{PUB_{jt}} \tag{5}$$

式中：RD_{PRIt}、RD_{PUBt} 为其他产业 R&D 活动的知识存量；权重 W_{ij} 由产业 i 与产业 j 两部门直接消耗系数结构向量的角余弦值表示，如式（6）所示：

$$W_{ij} = \frac{\sum_{k} a_{ki} a_{kj}}{\sqrt{\sum_{k} a_{ki}^2 \cdot \sum_{k} a_{kj}^2}} \tag{6}$$

式(6)中，a_{ki}、a_{kj} 为消耗系数结构中产业 i 与产业 j 所对应列向量第 k 个位置的元素。根据我国的统计数据间隔，直接消耗系数矩阵进行了如下的计算处理：

$$w_{ijt} = \begin{cases} W_{ij1992}, & t = 1990,1991 \\ \left(1 - \dfrac{t-1992}{5}\right)W_{ij1992} + \left(\dfrac{t-1992}{5}\right)W_{ij1997}, & 1992 \leqslant t < 1997 \\ \left(1 - \dfrac{t-1997}{5}\right)W_{ij1997} + \left(\dfrac{t-1997}{5}\right)W_{ij2002}, & 1997 \leqslant t < 2002 \\ \left(1 - \dfrac{t-2002}{5}\right)W_{ij2002} + \left(\dfrac{t-2002}{5}\right)W_{ij2007}, & 2002 \leqslant t < 2007 \\ W_{ij2007}, & t = 2007,2008,2009,2010 \end{cases}$$

$$(7)$$

（5）公共研发机构潜在的知识溢出量 GRD_{PUB}：用公共研发机构在政府资助项目中发表的与飞机技术等相关的论文数量表示。论文的折旧率取科技文献折旧率的一般值（10%）。

2.2　数据说明

研究中 1995—2011 年飞机制造业的研究数据从 2002—2012 年的《中国高技术统计年鉴》中采得，考虑到投入产出表与统计年鉴中的工业部门划分有些不同，因此，研究中将投入产出表与科技统计年鉴中的工业部门划分进行了调整，得到了统一的 22 个工业部门，如表 4 所示。为了消除物价因素对分析结果的影响，科技活动经费的价格指数是固定资产投资与居民消费的价格指数的加权值，两者的权重用样本期内科技活动经费支出中仪器设备费用与劳务费用的占比表示，分别为 0.55 和 0.45。

表 4　调整后的 22 个工业部门

1. 煤炭开采和洗选业	2. 石油和天然气开采业
3. 金属矿采选业	4. 非金属矿及其他矿采选业
5. 食品制造及烟草加工业	6. 纺织业
7. 纺织服装鞋帽皮革羽绒及其制品业	8. 木材加工及家具制造业
9. 造纸印刷及文教体育用品制造业	10. 石油加工、炼焦及核燃料加工业、制品业
11. 化学工业	12. 非金属矿物制品制造业
13. 金属冶炼及压延加工业	14. 金属制品业
15. 通用、专用设备制造业	16. 飞机制造业
17. 其他交通运输设备制造业	18. 电气机械及器材制造业
19. 通信设备、计算机及其他电子设备制造业制品业	20. 仪器仪表及文化、办公用品机械制造业
21. 电力、热力、燃气及水的生产和供应制造业	22. 其他制造业

2.3　结果分析

在回归分析前,本研究中首先对各变量数据进行了 ADF 平稳性检验,以避免"伪回归"(指原本各变量间不存在任何关系,但是由于这些变量的时间序列数据的变化趋势一样,而呈现出某种关系)的现象,结果如下:

表 5　模型变量的 ADF 检验输出

变量	是否差分	检验类型	ADF 检验值	临界值	DW	结论
Q_t	否	$(c, t, 1)$	$-3.677\,56$	$-3.658\,45(*)$	2.188 14	平稳
K_{PRIt}	2 阶差分	$(c, t, 1)$	$-3.529\,92$	$-3.286\,9(**)$	1.894 50	平稳
K_{PUBt}	2 阶差分	$(c, t, 1)$	$-3.413\,44$	$-3.286\,9(**)$	1.639 40	平稳
WRD_{PRIt}	2 阶差分	$(c, t, 1)$	$-5.385\,22$	$-4.571\,56$	2.120 60	平稳
WRD_{PUBt}	2 阶差分	$(c, t, 1)$	$-4.796\,14$	$-4.571\,56$	1.775 80	平稳
GRD_{PUBt}	2 阶差分	$(c, t, 1)$	$-5.530\,47$	$-4.616\,21$	1.705 40	平稳
L_t	否	$(c, t, 1)$	$-4.483\,85$	$-3.658\,45(*)$	1.947 26	平稳

注:(1)"检验类型"中 c—截距项,t—趋势项,k—滞后阶数;(2)"临界值"中"$**$"显著水平 10%,"$*$"—显著水平 5%,"无"—显著水平 1%。

如上表 5 所示,模型变量中 Q_t、L_t 为原序列平稳,K_{PRIt}、K_{PUBt}、WRD_{PRIt}、WRD_{PUBt}、GRD_{PUBt} 均通过差分后达到平稳。因此,为保证回归结果有意义,研究中还需分析变量数据的协整关系。利用 Eview7.0 对各变量数据进行 JJ(Johansen—Juselius)协整检验,结果如下:

表 6　模型变量的 JJ 检验输出

原假设	特征值	迹统计量	5%显著水平	P 值
0*	0.998 829	244.213 3	125.615 4	0.000 0
至多 1 个*	0.965 317	141.752 6	95.753 66	0.000 0
至多 2 个*	0.822 799	80.538 69	69.818 89	0.001 3
至多 3 个*	0.750 592	37.258 25	47.856 13	0.019 1
至多 4 个	0.550 984	16.314 21	29.797 07	0.188 2
至多 5 个	0.338 453	8.283 283	15.494 71	0.435 6
至多 6 个	0.000 989	0.019 783	3.841 466	0.888 0

注:(1)"原假设"是对协整关系数量的假设;(2) * 表示在 5%显著性水平条件下拒绝原假设。

如上表 6 所示,模型变量间存在多个长期稳定的协整关系,回归结果有意义。

模型变量差分后均达到平稳且存在长期稳定的协整关系,即满足了回归分析的基本条件。对模型 2.2 进行回归处理,获得如下的结果:

表 7　模型 3.2 的回归估计结果

模型变量	系数估计值	标准差	统计量 $t(\alpha=0.05)$	Pro.
C	2.723 904	3.043 748	1.894 918	0.069 161
K_{PRIt}	0.206 212	0.380 418	1.542 066	0.141 72
K_{PUBt}	0.905 929	0.338 551	2.675 903	0.017 273
$\ln WRD_{PRIt}$	−0.448 16	1.183 711	−0.378 61	0.301 884
$\ln WRD_{PUBt}$	−0.058 91	0.901 698	−0.065 33	0.394 836
$\ln GRD_{PUBt}$	0.147 512	0.560 345	1.263 252	0.195 938
$\ln L_t$	0.044 899	0.231 399	1.058 341	0.307 82
	$R^2=0.991\,617$	$f=176.691\,1$	$d_w=1.485\,756$	

分析模型回归的结果得出：

（1）飞机制造业研发活动中资金投入变量 K_{PRIt}、K_{PUBt} 的系数和人力投入变量 L_t 的弹性系数均大于零，说明企业资金、政府科技拨款以及研发人员投入对研发产出均有正作用；公共研发单位的溢出知识 GRD_{PUBt} 的产出弹性系数为正，则表明公共研发单位在飞机知识领域的研究有利于飞机制造业 R&D 活动产出；而其他相关产业的溢出知识 WRD_{PRIt}、WRD_{PUBt} 的产出弹性系数小于零，呈现出负的产出效益，这与实际情况不符，可能是由以下原因导致的：近年来我国飞机制造业发展迅猛，与其他工业部门间的互动越来越密切，而研究中其他产业的知识溢出量 WRD_{PRIt}、WRD_{PUBt} 由 1992 年的直接消耗矩阵推算得到，数据很难真实地反映其他产业对飞机制造业的知识溢出情况。

（2）飞机制造业 R&D 活动中内部企业自筹资金、政府拨款资助的产出弹性系数分别为 0.905 929（最高）、0.206 212（次高），表明这两者是该产业 R&D 活动产出的最主要影响要素。企业资金的产出弹性系数，要远大于政府拨款资助的产出弹性系数，则表明企业自身 R&D 支出的效果明显优于政府资助。

（3）政府资助公共研发单位在飞机相关知识领域研究的产出弹性系数为 0.147 512，略低于政府直接拨款的产出弹性 0.206 212，可以看出，政府资助公共研发单位在飞机知识领域的研究能够为飞机制造业的 R&D 活动提供可靠的知识基础，是除直接拨款资助外，一个重要的科技补贴渠道。

3　比较分析及政策建议

为了推动民机制造业的发展与革新，基于上述章节的研究结果，本文提出以下政策建议。

（1）政府导向作用最优化，企业科研活动主体化：一是充分利用税收类优惠政策,如研发减税、科技减免等;二是要适当放松相关限制,主动引导金融、民间资金在企业研发活动中的投放,同时建立完善的企业研发活动金融支撑体系,以期降低企业风险。

(2)提升企业研发成效,增大对基础研究、关键技术和共性技术领域的科研基金投入:应增大公共科研活动投入力度,鼓励和支持公共研发机构在该领域的研究,提高公共研发机构在飞机及相关知识领域的创新力度,以便为民机制造业科研活动提供足够的知识保障。

(3)注重专业领域人才培养与引进:应加强对航空类高等院校提供人才培养补贴,以便为民机制造业的科研活动提供可靠的人力资源。此外,构建关键技术领域的高层次人才引进计划,吸纳和凝聚更多的国内外优秀专家,为我国航空大国战略建立功勋。

(4)军民相融,以军补民:民用飞机与军用飞机存在很大的互通性,民机制造商通过参与军用项目的研制,能够加强军事研发对民机制造的技术渗透,增强民机制造商的研发能力,并且如将军用项目的各项成果运用于民机项目开发中,也可降低民用飞机的研发成本,提高研发效率。

4 总结

民机制造业的内部投入科技效应和外部投入科技效应的增强都对其创新生产具有正面影响,但总的来看,外部投入科技效应的溢出影响要小于内部投入科技效应[6]。由此可见,为鼓励并确保我国民机制造业的创新性发展,我国不仅需要扩大科技经费投入的资金额度,更要着眼于科技经费的投入来源和渠道,恰当利用科技政策的激励,优化科技活动中各个要素投入的结构,以推动科技创新效率的上升。

参 考 文 献

[1] 中国商飞公司市场预测年报 2015—2034[R].上海:上海飞机设计研究院,2015
[2] 中华人民共和国国务院.国家战略性新兴产业发展"十二五"规划[R].国发[2012]第 28 号,2012.
[3] 董丽丽.科技投入对我国飞机制造业创新发展的效用分析[D].南京:南京航空航天大学,2014.
[4] 田中禾,曹洁,张宏军.国有企业科技投入产出绩效评价研究——基于 C2GS2 模型[J].科技管理研究,2009,(08):101-103.
[5] Hu A G. Ownership, private R&D, government R&D, and productivity in Chinese industry [J]. Journal of Comparative Economics,2001,(29):136-157.
[6] 曹泽,李东.R&D 投入对全要素生产率的溢出效应[J].科研管理,2010,(02):32-34.

大飞机出版工程
书　目

一期书目（已出版）

《超声速飞机空气动力学和飞行力学》（俄译中）

《大型客机计算流体力学应用与发展》

《民用飞机总体设计》

《飞机飞行手册》（英译中）

《运输类飞机的空气动力设计》（英译中）

《雅克-42M和雅克-242飞机草图设计》（俄译中）

《飞机气动弹性力学和载荷导论》（英译中）

《飞机推进》（英译中）

《飞机燃油系统》（英译中）

《全球航空业》（英译中）

《航空发展的历程与真相》（英译中）

二期书目（已出版）

《大型客机设计制造与使用经济性研究》

《飞机电气和电子系统——原理、维护和使用》（英译中）

《民用飞机航空电子系统》

《非线性有限元及其在飞机结构设计中的应用》

《民用飞机复合材料结构设计与验证》

《飞机复合材料结构设计与分析》（英译中）

《飞机复合材料结构强度分析》

《复合材料飞机结构强度设计与验证概论》

《复合材料连接》

《飞机结构设计与强度计算》

三期书目（已出版）

《适航理念与原则》

《适航性：航空器合格审定导论》（译著）

《民用飞机系统安全性设计与评估技术概论》

《民用航空器噪声合格审定概论》
《机载软件研制流程最佳实践》
《民用飞机金属结构耐久性与损伤容限设计》
《机载软件适航标准 DO－178B/C 研究》
《运输类飞机合格审定飞行试验指南》（编译）
《民用飞机复合材料结构适航验证概论》
《民用运输类飞机驾驶舱人为因素设计原则》

四期书目（已出版）

《航空燃气涡轮发动机工作原理及性能》
《航空发动机结构强度设计问题》
《航空燃气轮机涡轮气体动力学：流动机理及气动设计》
《先进燃气轮机燃烧室设计研发》
《航空燃气涡轮发动机控制》
《航空涡轮风扇发动机试验技术与方法》
《航空压气机气动热力学理论与应用》
《燃气涡轮发动机性能》（译著）
《航空发动机进排气系统气动热力学》
《燃气涡轮推进系统》（译著）

五期书目（已出版）

《民机飞行控制系统设计的理论与方法》
《现代飞机飞行控制系统工程》
《民机导航系统》
《民机液压系统》
《民机供电系统》
《民机传感器系统》
《飞行仿真技术》
《民机飞控系统适航性设计与验证》
《大型运输机飞行控制系统试验技术》
《飞控系统设计和实现中的问题》（译著）

其他书目

《飞机客舱舒适性设计》（译著）
《上海民用航空产业发展研究》
《政策法规对民用飞机产业发展的影响》

《民用飞机空气动力设计先进技术》

《民用飞机设计及飞行计划理论》

《动态系统可靠性分析：高效方法及航空航天应用》（英文版）

《特殊场务条件下的民机飞行试验概论》

《国际航空法（第九版）》（译著）

《现代飞机飞行动力学与控制》

《民用飞机销售支援与客户价值》

《工程师用空气动力学》（译著）

《推进原理与设计》

《商用飞机技术经济研究——设计优化与市场运营》